LIVRET

PROVISOIRE

D'INSTRUCTION SUPPLÉMENTAIRE

POUR LES BATAILLONS

DE

CHASSEURS A PIED.

Paris,

LIBRAIRIE MILITAIRE DE GAULTIER LAGUIONIE

(MAISON ANSELIN),

Rue et Passage Dauphine, 36.

1840

LIVRET

PROVISOIRE

D'INSTRUCTION SUPPLÉMENTAIRE

POUR LES BATAILLONS

DE

CHASSEURS A PIED.

IMPRIMERIE DE GAULTIER LAGUIONIE,
RUE CHRISTINE, N° 2.

LIVRET

PROVISOIRE

D'INSTRUCTION SUPPLÉMENTAIRE

POUR LES BATAILLONS

DE

CHASSEURS A PIED.

Paris.

LIBRAIRIE MILITAIRE DE GAULTIER LAGUIONIE,

(MAISON ANSELIN),

Rue et Passage Dauphine, n° 36.

—

1840.

CONSIDÉRATIONS GÉNÉRALES.

L'organisation particulière des bataillons de chasseurs à pied ; l'ordre sur deux rangs, prescrit pour eux ; les changements qu'on a apportés à l'armement, l'équipement et l'habillement, au port de l'arme dans le rang, etc. , ont eu pour résultat de rendre nécessaires des modifications à l'instruction du soldat et aux manœuvres de l'infanterie.

Ce sont toujours les mêmes bases et principes de l'ordonnance du 2 mars 1831, que l'on a conservées, et auxquelles on a donné des applications nouvelles devenues indispensables.

L'école du soldat étant une école de détails et de précision, a dû être refondue entièrement dans les conditions nouvelles.

Les parties relatives à l'école de peloton et à celle de bataillon ne sont, en général, que des applications de l'emploi d'allures plus vives, quelquefois combinées entre elles pour donner à une troupe une mobilité plus grande. On s'est contenté de les indiquer rapidement et d'une manière suffisante pour l'intelligence des officiers et des sous-officiers.

Dans l'école des tirailleurs on a eu pour but principal de développer le plus possible l'intelligence du soldat livré presqu'à lui-même dans ce genre de guerre. On a dû la compléter par l'addition de quelques mouvements importants, et chercher à rendre l'exécution générale des manœuvres plus rapide.

L'expérience acquise par l'instruction précise et détaillée que les bataillons vont recevoir, permettra sans doute des corrections à ces principes, qui, alors seulement, pourront être soumis au ministre de la guerre pour constituer un manuel d'instruction précis et définitif.

ÉCOLE DU SOLDAT.

TITRE PREMIER.

FORMATION DES BATAILLONS.

1. Les bataillons des chasseurs à-pied, faisant corps, seront composés de huit compagnies.

La 8e sera armée de carabines et formée de soldats de 1re classe ; elle sera la compagnie d'élite du bataillon. Les autres compagnies seront placées dans l'ordre suivant établi pour les capitaines, déduction faite de celui qui commande la compagnie d'élite : les 1er, 5e, 2e, 6e, 3e, 7e, 4e capitaines.

FORMATION D'UNE COMPAGNIE.

2. Chaque compagnie se divisera en deux sections, quatre subdivisions et huit escouades. La première section se composera des deux subdivisions de gauche.

3. Les quatre premiers pelotons formeront

le demi-bataillon de droite, les quatre derniers, le demi-bataillon de gauche.

4. Chaque compagnie sera toujours formée sur deux rangs, de la manière suivante :

Les files impaires et paires côte à côte formeront une agglomération de quatre hommes, qu'on désignera sous le nom de *camarades de combat;* ces quatre frères d'armes se choisiront entre eux et ne seront jamais séparés, en sorte que, soit en marche, soit dans l'action, ils aient près d'eux leurs amis de guerre pour les secourir toujours et ne les abandonner jamais. Ils se soulageront et s'aideront dans leurs travaux, et à la guerre ils attaqueront l'ennemi de concert, comme s'ils n'étaient qu'un seul soldat. Chaque groupe de camarades de combat formera l'unité de combat; mais la responsabilité de courage et d'honneur qui s'établira entre eux ne les dispensera aucunement de se lier, pour la défense commune, aux autres files qui se trouvent à leur droite ou à leur gauche, soit que ces files soient adhérentes comme dans un peloton de pied ferme, soit qu'elles se trouvent séparées entre elles, comme elles le seront en effet, lorsque le peloton combattra en tirailleur.

5. La distance d'un rang à l'autre sera de trente-trois centimètres (un pied), qui seront mesurés de la poitrine des hommes du second rang au dos de l'homme qui les précède res-

pectivement dans leur file, ou à son havre-sac, quand le soldat sera chargé.

6. Lorsqu'on devra manœuvrer, les pelotons seront égalisés, en reversant, s'il y a lieu, des hommes d'une compagnie dans l'autre.

Place de bataille des officiers, sous-officiers et caporaux.

7. Le capitaine à la droite de son peloton, au premier rang (1).

8. Le lieutenant en serre-file, à deux pas derrière le centre de la deuxième section.

9. Le sous-lieutenant en serre-file, à deux pas derrière le centre de la première section.

10. Le sergent-major derrière la seconde section, à la gauche du lieutenant.

11. Le premier sergent derrière le capitaine, au deuxième rang. Ce sergent, désigné sous le nom de *sous-officier de remplacement,* sera guide de droite de son peloton dans les manœuvres.

12. Le second sergent derrière la gauche de la seconde section, en serre-file. Ce sergent sera guide de gauche de son peloton dans les manœuvres.

(1) Quand le capitaine sera monté, il se placera à dix pas en arrière du centre de sa compagnie, et le lieutenant le remplacera à la droite du peloton.

1.

13. Le troisième sergent derrière la droite de la seconde section, en serre-file.

14. Le quatrième sergent derrière la gauche de la première section, en serre-file.

15. Le cinquième sergent, instructeur du tir, derrière la droite de la première section, en serre-file.

16. Le fourrier derrière la première section, à la droite du sous-lieutenant, en serre-file.

17. Dans le huitième peloton du bataillon, le second sergent sera placé à la gauche du premier rang du bataillon.

18. Les caporaux seront placés à la droite et à la gauche des subdivisions, au premier rang.

19. Le remplacement des officiers et des sous-officiers, lorsqu'il sera nécessaire pour manœuvrer, se fera de grade en grade dans chaque compagnie ; mais , en l'absence du capitaine et du lieutenant d'une compagnie, le commandant du bataillon enverra pour la commander un lieutenant d'une autre compagnie.

Place du chef de bataillon , adjudant-major et adjudant.

20. Le chef de bataillon sera à cheval ; il sera placé à trente pas des serre-files, derrière le centre de son bataillon.

21. L'adjudant-major sera placé à huit pas des serre-files, derrière le centre du demi-bataillon de droite.

22. L'adjudant sera placé à huit pas des serre-files, derrière le centre du demi-bataillon de gauche.

Place des clairons.

23. Les clairons, formés sur deux rangs, seront placés à vingt pas des serre-files, derrière le centre du bataillon, le clairon-major en tête.

Garde du drapeau.

24. Dans le bataillon de chasseurs à pied qui aura le drapeau de l'arme, il sera placé, avec sa garde, à la gauche de la deuxième section du quatrième peloton.

25. Cette garde se composera de huit caporaux pris dans chacune des huit compagnies du bataillon.

26. Le premier rang de la garde du drapeau sera composé du porte-drapeau, ayant à sa droite et à sa gauche les deux plus anciens caporaux. Le second rang sera formé des trois caporaux les plus anciens après les deux premiers ; les trois autres seront en arrière, sur l'alignement des serre-files.

27. Dans les bataillons qui n'auront pas de

drapeau, le chef de bataillon désignera un sergent-major pour porter le fanion.

Guides généraux.

28. Il y aura deux guides généraux dans chaque bataillon; ils seront choisis parmi les sergents qui auront le plus de régularité, tant pour la position sous les armes que pour la marche.

29. Les guides généraux seront désignés par le nom de *guide général de droite* et de *guide général de gauche;* ils seront placés sur le rang des serre-files, le premier derrière la droite du premier peloton, le second derrière la gauche du huitième.

ARTICLE II.

Instruction du bataillon.

30. Le chef de bataillon sera responsable de l'instruction générale des officiers, sous-officiers et des soldats.

31. L'instruction des bataillons sera dirigée de manière qu'à l'époque des inspections, ils aient successivement parcouru tout ce que renferme l'ordonnance du 2 mars 1831, ainsi que le complément d'instruction spéciale à l'arme.

32. Chaque année, à l'époque où l'on commencera l'instruction, l'école du soldat et l'école de peloton seront faites, dans chaque compagnie, sous la direction et la responsabilité du capitaine.

33. Le chef de bataillon, assisté de l'instructeur du tir, fera à tous les officiers une théorie particulière des principes du tir.

Instruction des officiers.

34. L'instruction des officiers ne pouvant être solidement établie qu'en joignant la théorie à la pratique, il y aura dans chaque régiment une instruction de théorie indépendamment des exercices sur le terrain.

35. En conséquence, le commandant du bataillon assemblera les officiers aussi souvent qu'il le jugera nécessaire, pour leur expliquer tous les principes relatifs aux différentes écoles.

36. L'instruction des officiers supérieurs et des capitaines embrassera tout ce que renferme l'ordonnance du 2 mars 1831 et la présente instruction. Celle des lieutenants et des sous-lieutenants embrassera tout ce qui est compris dans les trois écoles du soldat, de peloton et de bataillon,

ainsi que dans l'instruction pour les tirailleurs.

37. Nul officier ne sera réputé instruit
qu'autant qu'il sera en état de commander et
d'expliquer parfaitement tout ce qui est compris dans les différentes parties de l'ordonnance qu'il doit connaître.

38. On ne s'attachera, dans cette instruction, qu'aux principes et à l'esprit des évolu-
tions, sans jamais exiger que les officiers en
apprennent littéralement le texte.

39. Les officiers seront souvent exercés à
la marche et à l'estimation des distances, par
le chef de bataillon, qui s'attachera, avec le
plus grand soin, à leur faire contracter l'habitude de former des pas égaux en longueur et
en vitesse. Il les exercera aussi à marcher le
pas gymnastique (1).

Instruction des sous-officiers.

40. L'instruction des sous-officiers embrasse
l'école du soldat et de peloton, ainsi que la
connaissance parfaite des principes du tir; ils
sont tenus de savoir exécuter eux-mêmes avec

(1) Les officiers seront également exercés au tir ;
chaque fois qu'une compagnie tirera à la cible, il sera
pris des cartouches pour eux; un état à part donnera
note de leurs coups.

précision, outre le maniement des armes, tout ce qui a rapport aux feux et à la marche.

41. L'adjudant-major et l'adjudant seront spécialement chargés de l'instruction des sous-officiers; ils commenceront par les exercer avec le plus grand soin à l'école du soldat.

42. Cette première instruction étant assurée, on réunira les sous-officiers de chaque bataillon pour en former un peloton sur trois rangs, auquel on attachera un chef de peloton, un sous-officier de remplacement et des serre-files. Ce peloton sera exercé par l'adjudant-major et l'adjudant, dans la progression indiquée à l'école de peloton. Tous les sous-officiers rempliront alternativement, dans ce peloton, les fonctions de chef de peloton, de chef de section et de guides.

43. Cette instruction ayant principalement pour objet de mettre les sous-officiers en état de bien instruire les soldats, on leur expliquera tous les principes des deux premières écoles, d'abord sur le terrain, et ensuite dans des théories particulières. Ces théories et ces exercices devront comprendre les diverses fonctions des guides dans les manœuvres du bataillon.

44. Les porte-drapeau ou fanion, leur garde et les guides généraux seront souvent exercés à la marche en bataille. On leur fera contracter l'habitude de se prolonger, sans varier, sur une direction donnée, et d'obser-

ver avec la plus grande précision la longueur et la cadence du pas.

Instruction des caporaux.

45. L'instruction des caporaux embrassera l'école du soldat. Ils feront partie du peloton qui doit être formé par bataillon pour l'instruction des sous-officiers, et seront, comme eux, exercés aux fonctions de guides.

46. Cette instruction ayant également pour objet de mettre les caporaux en état d'instruire les recrues, on leur expliquera fréquemment les différentes parties de l'école du soldat, sur le terrain et dans les théories.

47. Les adjudants seront chargés de l'instruction pratique et théorique des caporaux, sous la surveillance des adjudants-majors.

48. L'instructeur du tir fera aux sous-officiers et caporaux des théories particulières sur les principes du tir, sur le montage, le démontage et l'entretien des armes. Il sera responsable de leur instruction à cet égard.

TITRE II.

ÉCOLE DU SOLDAT.

RÈGLES GÉNÉRALES ET DIVISION DE L'ÉCOLE DU SOLDAT.

1. Cette école, qui a pour objet l'instruction des recrues, devant influer d'une manière sensible sur l'instruction des compagnies, dont dépend celle des bataillons et des régiments, doit être établie avec le plus grand soin. Elle sera dirigée par un capitaine. On y attachera le nombre d'officiers, de sous-officiers et de caporaux nécessaire, choisis parmi ceux qui auront le plus d'aptitude, et pris, autant que possible, en nombre égal dans chaque compagnie.

2. Les nouveaux officiers seront toujours employés, pendant six mois au moins, à l'école des recrues, et ne cesseront d'y être attachés que sur l'ordre du commandant du bataillon.

3. Lorsqu'il y aura un certain nombre de recrues en état de passer à l'école de peloton, le capitaine donnera l'ordre de les réunir; il

désignera les officiers et les sous-officiers qui devront être chargés de cette instruction, et y fera observer la progression prescrite dans l'école de peloton.

4. Lorsqu'un ou plusieurs des hommes de recrue qui composent ce peloton seront en état de passer au bataillon, ils y seront admis sur l'ordre du chef de bataillon, qui en fera prévenir les chefs de leurs compagnies.

5. L'école du soldat sera divisée en trois parties : la première partie comprendra ce que l'on doit enseigner à l'homme de recrue avant de lui faire porter l'arme, les sauts en largeur et en hauteur, le pas gymnastique et la course; la seconde, le maniement de l'arme, les charges, les feux et l'escrime à la baïonnette; la troisième, les principes d'alignements, la marche de front et de flanc, au pas accéléré et gymnastique, les principes de conversions, ainsi que les demi-tours en marchant, le doublement et dédoublement des files, le pas de course.

6. Chaque partie sera divisée en leçons, ainsi qu'il suit :

PREMIÈRE PARTIE.

1ʳᵉ *leçon.* Position du soldat sans armes, mouvements de tête à droite et à gauche.
2ᵉ *leçon.* A droite, à gauche, demi-tour à droite.
3ᵉ *leçon.* Principes du pas ordinaire et du pas accéléré.
4ᵉ *leçon.* Pas gymnastique. Sauts en largeur et hauteur, la course.

DEUXIÈME PARTIE.

1re *leçon.* Principes du port d'armes.
2e *leçon.* Maniement des armes. Escrime à la baïon-
      nette.
3e *leçon.* Charge en quatre temps et à volonté.
4e *leçon.* Feux directs, obliques et de deux rangs.
      Feux par rangs.
5e *leçon.* Marquer le pas. Changer le pas. Marche
      avec l'arme.

TROISIÈME PARTIE.

1re *leçon.* Réunion de 6 à 8 hommes pour les princi-
      pes d'alignement.
2e *leçon.* Marche de front au pas accéléré et gymnas-
      tique.
3e *leçon.* Marche de flanc au pas accéléré et gymnas-
      tique.
4e *leçon.* Principes des conversions au pas accéléré et
      gymnastique. Demi-tour en marchant.
5e *leçon.* Pas gymnastique, sauts en largeur et hau-
      teur; a course avec l'arme et le sac.

7. Chaque leçon sera suivie d'observations qui auront pour objet de démontrer l'utilité des principes qu'on y aura prescrits. Les instructeurs ne sauraient trop s'attacher à les étudier, et à en faire l'application lorsqu'ils instruiront des recrues.

8. Le ton du commandement sera toujours animé, et d'une étendue de voix proportionnée au nombre des hommes qu'on exercera.

9. Il y aura deux sortes de commande-

ments : les commandements d'avertissement, et ceux d'exécution.

10. Les commandements d'avertissement, qui seront distingués dans l'ordonnance par des lettres italiques, seront prononcés distinctement et dans le haut de la voix, en allongeant un peu la dernière syllabe.

11. Les commandements d'exécution seront distingués dans l'ordonnance par des majuscules, et seront prononcés d'un ton ferme et bref.

12. Les commandements dont l'énonciation sera séparée dans l'ordonnance par des tirets seront coupés de même en les prononçant.

13. Les instructeurs expliqueront toujours ce qu'ils enseigneront, en peu de paroles, claires et précises : ils exécuteront toujours eux-mêmes ce qu'ils commanderont, afin de donner ainsi l'exemple en même temps qu'ils expliqueront le principe. Ils s'attacheront à accoutumer l'homme de recrue à prendre lui-même la position qu'il devra avoir, et ne le toucheront, pour le placer, que lorsque son défaut d'intelligence les y obligera.

PREMIÈRE PARTIE.

14. La première partie de l'école du soldat sera enseignée, autant que possible, homme par homme; on pourra réunir trois ou quatre

hommes au plus, lorsque le nombre des re-crues à dresser et celui des instructeurs qu'on pourra employer y forceront. On placera alors ces hommes sur un rang, à un pas de dis-tance l'un de l'autre. Le soldat sera sans armes.

PREMIÈRE LEÇON.

Position du soldat.

15. Les talons sur la même ligne et rappro-chés autant que la conformation de l'homme le permettra, les pieds un peu moins ouverts que l'équerre et également tournés en dehors, les genoux tendus sans les roidir, le corps d'a-plomb sur les hanches et penché en avant, les épaules effacées et également tombantes, les bras pendant naturellement, les coudes près du corps, la paume de la main un peu tournée en dehors, le petit doigt en arrière de la cou-ture du pantalon, la tête droite sans être gênée, le menton rapproché du col sans le couvrir, les yeux fixés à terre, à environ quinze pas de-vant soi.

Observations relatives à la position du soldat.

Les talons sur la même ligne,

16. Parce que s'il y en avait un qui fût

plus en arrière que l'autre, l'épaule du même côté s'effacerait, ou bien la position du soldat serait gênée.

Les talons plus ou moins rapprochés,

Parce que les hommes cagneux et ceux qui ont la jambe forte ne peuvent pas les joindre.

Les pieds également tournés en dehors et point trop ouverts,

Parce que si un pied était plus tourné en dehors que l'autre, il entraînerait l'épaule ; et que si les pieds étaient trop ouverts, il ne serait plus possible de faire porter le haut du corps en avant sans que la position devînt chancelante.

Les genoux tendus, mais sans roideur,

Parce que si l'homme les roidissait, il en résulterait pour lui de la gêne et de la fatigue.

Le corps d'aplomb sur les hanches,

Parce que c'est le moyen de donner à l'homme un parfait équilibre. L'instructeur observera que la plupart des recrues ont la mauvaise habitude de baisser une épaule, de creuser un côté ou d'avancer une hanche, surtout la hanche gauche, lorsqu'on leur fait porter l'arme ; il s'attachera à corriger ces défauts.

Le haut du corps penché en avant,

Parce que les hommes de recrue sont ordinairement disposés à faire le contraire, à avancer le ventre, à creuser les reins et à renverser les épaules, quand ils veulent se tenir droits, ce qui a de grands inconvénients dans la marche, ainsi qu'il sera expliqué dans les observations sur les principes du pas. L'habitude de pencher le haut du corps en avant est si importante à faire contracter, que l'instructeur doit, dans les commencements, rendre cette position même forcée, surtout pour les hommes dont la position naturelle présenterait la disposition contraire.

Les épaules effacées,

Parce que si l'homme avait les épaules en avant et le dos voûté, ce qui est le défaut ordinaire des hommes de la campagne, il ne pourrait ni s'aligner, ni manier son arme avec adresse; il est donc très-important de corriger ce défaut: en conséquence, l'habillement des recrues devra avoir l'ampleur nécessaire pour ne pas gêner la position qu'on voudra leur donner, et l'instructeur, en faisant effacer les épaules, aura soin de ne pas les jeter en arrière, pour ne pas faire creuser les reins, ce qu'il faut éviter avec soin.

Les bras pendant naturellement, les coudes près du corps, la paume de la main un peu tournée en dehors, le petit doigt en arrière de la couture du pantalon,

Parce qu'il est important, soit pour la perfection du port d'armes, soit pour n'occuper dans le rang que l'espace nécessaire pour pouvoir manier ses armes avec facilité, que le soldat ait les coudes bien placés. Cette position des bras, des coudes et des mains remplit ces divers objets, et a de plus l'avantage de faire effacer les épaules.

La tête droite sans être gênée,

Parce que s'il y avait de la roideur dans la tête, elle se communiquerait à toute la partie supérieure du corps, dont elle gênerait les mouvements, ce qui rendrait cette attitude pénible et fatigante.

Les yeux fixés droit devant soi.

Parce que la position de la tête directe est le plus sûr moyen d'accoutumer les soldats à maintenir les épaules carrément ; principe essentiel, auquel il faut les habituer avec le plus grand soin.

17. L'instructeur, ayant donné à l'homme de recrue la position du soldat sans armes, lui apprendra à tourner la tête à droite et à gauche : à cet effet, il commandera :

1. *Tête* ⚌ A DROITE.

2. FIXE.

18. A la fin de la seconde partie du premier commandement, le soldat tournera la tête à droite, sans brusquer le mouvement, de manière que le coin de l'œil gauche du côté du nez réponde à la ligne des boutons de la veste, les yeux fixés sur la ligne des yeux des hommes du même rang.

19. Au deuxième commandement, il replacera de même la tête dans la position directe, qui doit être la position habituelle du soldat.

20. Le mouvement de *tête à gauche* s'exécutera par les moyens inverses.

21. L'instructeur veillera à ce que le mouvement de la tête n'entraîne pas les épaules, ce qui pourrait arriver si on le brusquait.

22. Lorsque l'instructeur voudra faire passer le soldat de l'état d'attention à celui de repos, il commandera :

REPOS.

23. A ce commandement, le soldat ne sera plus tenu à garder l'immobilité ni la position.

24. L'instructeur, voulant lui faire reprendre la position et l'immobilité, fera les commandements suivants :

1. *Garde à vous.*

2. PELOTON.

25. Au premier commandement, le soldat

fixera son attention : au deuxième, il reprendra la position prescrite, ainsi que l'immobilité.

DEUXIÈME LEÇON.

A droite, à gauche, demi-tour à droite.

26. Les à-droite et les à-gauche s'exécuteront en un temps. L'instructeur commandera :

1. *Peloton, par le flanc droit* (ou *gauche*).

2. A DROITE (OU A GAUCHE).

27. Au deuxième commandement, le soldat tournera sur le talon gauche, élevant un peu la pointe du pied gauche, et rapportera en même temps le talon droit à côté du gauche, et sur la même ligne.

28. Le demi-tour à droite s'exécutera en deux temps. L'instructeur commandera :

1. *Peloton.*

2. *Demi*-TOUR = A DROITE.

Premier temps.

29. Au commandement de *demi-tour*, le soldat fera un demi-à-droite, portera le pied

droit en arrière, le milieu du pied vis-à-vis,
et à huit centimètres (trois pouces) du talon
gauche.

Second temps.

30. Au commandement de *à droite*, le soldat tournera sur les deux talons, en élevant
un peu les pointes des pieds, les jarrets tendus, fera face en arrière, rapportera en même
temps le talon droit à côté du gauche.

31. L'instructeur veillera à ce que ces mouvements ne dérangent pas la position du corps.

TROISIÈME LEÇON.

Principes du pas ordinaire direct.

32. La longueur du pas ordinaire direct
sera de soixante-cinq centimètres (deux pieds)
à compter d'un talon à l'autre; et sa vitesse,
de soixante-seize par minute.

33. L'instructeur, voyant l'homme de recrue affermi dans la position, lui expliquera
le principe et le mécanisme du pas, en se
plaçant à sept ou huit pas du soldat, et lui
faisant face; il exécutera lui-même lentement
le pas, afin de joindre ainsi l'exemple en même

temps qu'il expliquera le principe; il commandera ensuite :

1. *Peloton, en avant.*

2. MARCHE.

34. Au premier commandement, le soldat portera le poids du corps sur la jambe droite.

35. Au deuxième commandement, il portera vivement, mais sans secousse, le pied gauche en avant à soixante-cinq centimètres (deux pieds) du droit, le jarret tendu, la pointe du pied un peu baissée et légèrement tournée en dehors, ainsi que le genou; il portera en même temps le poids du corps en avant, et posera, sans frapper, le pied gauche à plat, précisément à la distance où il se trouve du droit, tout le poids du corps se portant sur le pied qui pose à terre. Le soldat passera ensuite vivement, mais sans secousse, la jambe droite en avant, le pied passant près de terre, le posera à la même distance et de la même manière qu'il vient d'être expliqué pour le pied gauche, et continuera de marcher ainsi, sans que les jambes se croisent, sans que les épaules tournent, et la tête restant toujours dans la position directe.

36. Lorsque l'instructeur voudra arrêter la marche, il commandera :

1. *Peloton.*

2. HALTE.

37. Au deuxième commandement, qui sera fait à l'instant où l'un ou l'autre pied indifféremment va poser à terre, le soldat rapportera le pied qui est en arrière à côté de l'autre, sans frapper.

Observations relatives aux principes du pas.

38. Porter le poids du corps sur la jambe droite au commandement de *peloton en avant*,

Pour disposer l'homme à former plus vivement son premier pas, ce qui est essentiel en troupe.

La pointe du pied baissée, mais sans affectation,

Parce que la pointe du pied baissée fait tendre le jarret, et dispose le pied à poser à plat.

La pointe du pied légèrement tournée en dehors,

Parce que si l'on tournait les pieds trop en dehors, le corps serait sujet à chanceler.

Le haut du corps en avant,

Afin que le poids du corps se porte sur le pied qui pose à terre, que le pied qui est en arrière puisse se lever aisément, et que le pas ne soit pas raccourci.

2.

Marcher le jarret tendu,

Parce qu'une troupe ne pouvant, sans se gêner et se découdre, marcher comme si chaque homme était isolé, puisqu'il n'en existe pas deux qui marchent absolument de la même manière, il est nécessaire que les recrues apprennent à marcher un pas uniforme, qui soit marqué et cadencé, sans quoi il n'y aurait point d'ensemble.

Passer le pied près de terre,

Parce que si les soldats levaient la jambe plus qu'il ne faut, ils perdraient du temps et se fatigueraient inutilement. D'ailleurs, si, n'ayant pas un principe déterminé, ils levaient la jambe en ployant les genoux, les uns plus, les autres moins, les pieds ne poseraient pas en même temps à terre, et il n'y aurait ni cadence ni ensemble.

Poser le pied à plat sans frapper,

Afin d'éviter le balancement du corps et le raccourcissement du pas qui auraient lieu nécessairement si le talon posait à terre le premier, ou si l'on frappait en posant le pied; ce dernier mouvement aurait encore l'inconvénient de fatiguer inutilement les soldats et de rompre la cadence, parce que les uns lèveraient le pied plus, les autres moins.

La tête directe,

Parce que la position de la tête directe empêche que les épaules ne tournent, et fait que le soldat marche carrément.

39. L'instructeur indiquera de temps en temps à l'homme de recrue la cadence du pas, en faisant le commandement de *un* à l'instant où il lève le pied, et celui de *deux* à l'instant où il doit le poser, et en observant la cadence de soixante-seize à la minute. Cette méthode contribuera infiniment à habituer les soldats à bien faire les deux temps dont le pas est naturellement composé.

40. Le pas ordinaire (pas d'école) ne sera employé que dans la première et la seconde partie de l'école du soldat. Aussitôt que l'homme de recrue aura acquis de l'aplomb, qu'il sera bien affermi dans le port d'armes, le mécanisme, la longueur et la vitesse du pas ordinaire, il ne sera plus exercé qu'au pas accéléré et gymnastique, ainsi qu'à la course.

Principes du pas accéléré.

41. Les principes du pas accéléré sont les mêmes que ceux du pas ordinaire; mais sa vitesse est de cent dix par minute.

QUATRIÈME LEÇON.

EXERCICES GYMNASTIQUES.

1° *Pas gymnastique.*

42. L'instructeur, voulant enseigner aux hommes de recrue les principes du pas gymnastique, les placera sur un rang, à un pas les uns des autres, puis il commandera :

1. *Pas gymnastique sur place.*

2. MARCHE.

Au deuxième commandement, le soldat lèvera la jambe gauche ployée en avant, de manière à donner au genou la plus grande élévation ; la partie de la jambe comprise entre le genou et le cou-de-pied devra être verticale, la pointe du pied baissée : il reposera ensuite le pied à terre à sa position ; il exécutera avec la jambe droite ce qui vient d'être prescrit pour la jambe gauche. Ce mouvement alternatif s'exécutera, la tête, le corps et les bras conservant leur position, et se continuera jusqu'au commandement de :

Peloton = HALTE.

43. On exécutera ce pas à des cadences

dont la rapidité sera successivement augmentée.

44. Les hommes de recrue étant suffisamment affermis dans ces principes, l'instructeur commandera :

> 1. Peloton en avant.

> 2. *Pas gymnastique.*

> 3. MARCHE.

Au premier commandement, le soldat fixera son attention.

Au troisième, il partira du pied gauche et placera la pointe du pied à terre, en avant, à environ 71 centimètres (deux pieds deux pouces) du droit, et il exécutera avec le pied droit ce qui vient d'être prescrit pour le gauche. Ce mouvement alternatif des extrémités inférieures aura lieu en portant le poids du corps sur la jambe qui pose à terre, et en laissant aux bras leur mouvement d'oscillation naturel.

45. Le pas gymnastique pourra s'exécuter à différents degrés de vitesse ; on amènera les hommes à faire une lieue de 4,000 mètres en vingt minutes ; la cadence sera alors de 175 par minute.

> 2° *Sauts en largeur et hauteur.*

46. Dès que les hommes commenceront à

connaître et à pratiquer le pas gymnastique, l'instructeur les exercera aux sauts en largeur et en hauteur.

47. Les hommes seront placés à douze ou quinze pas du sautoir ou de l'objet à franchir. Ils seront appelés successivement.

48. L'homme désigné étant placé à douze ou quinze pas du sautoir, partira vivement au pas de course, ou en sautillant sur la pointe des pieds, en observant de faire les pas d'autant plus petits qu'il approchera de l'endroit marqué comme point de départ : arrivé là, il appuiera fortement sur le sol le pied de la jambe qui se trouve en avant, donnera un fort mouvement d'extension aux muscles de cette jambe, se lancera en avant, le corps raccourci, les jambes réunies, les bras en avant, les poignets fermés, franchira l'espace, allongera les jambes par une impulsion subite un peu avant la chute, tombera sur la pointe des pieds en fléchissant et en conservant les bras en avant et la tête directe.

49. Cet exercice étant terminé, l'homme reprendra sa position dans le rang.

3° *La course.*

50. Les hommes de recrue seront aussi exercés à des courses dites de vélocité.

51. Les principes sont les mêmes que pour

le pas gymnastique; seulement on devra déterminer la plus grande vitesse possible.

52. Tous ces mouvements seront faits d'a-
bord dans un terrain plat, puis sur un terrain
accidenté.

SECONDE PARTIE.

53. L'instructeur ne fera passer les hommes de recrue à cette seconde partie que
lorsqu'ils seront bien affermis dans la position du corps et la formation des différents
pas.

54. L'instructeur réunira alors quatre hommes qu'il placera sur un rang, coude à coude,
et il leur montrera le port d'armes ainsi qu'il
suit :

55. L'homme de recrue étant placé comme
il a été expliqué dans la première leçon de la
première partie, l'instructeur lui fera ployer
légèrement le bras droit et placera l'arme de
la manière suivante :

56. L'arme dans le bras droit et au défaut
de l'épaule, le canon en arrière et d'aplomb,
la baguette en dehors, le bras droit presque
allongé, la main droite embrassant le chien
et la sous-garde, la crosse à plat le long de
la cuisse droite, la main gauche dans le rang.

Observations relatives au port d'armes.

57. On rencontre souvent des hommes de recrue qui ont des défauts naturels dans la conformation des épaules, de la poitrine et des hanches : l'instructeur doit s'efforcer de corriger autant que possible ces défauts, avant de faire porter l'arme au soldat, et doit avoir ensuite une attention suivie à régler le port d'armes suivant ces défauts de conformation, de manière que le coup d'œil général en soit uniforme, sans que les hommes soient gênés dans leurs positions.

58. L'instructeur observera que les hommes de recrue sont sujets, lorsqu'ils commencent à porter l'arme, à déranger la position du corps, à baisser l'épaule droite et la main droite, à creuser la hanche et ouvrir les coudes.

59. L'instructeur aura attention de corriger tous ces défauts et de rectifier continuellement la position des hommes; il leur ôtera quelquefois l'arme pour la replacer ensuite, évitera de les fatiguer dans les commencements, et s'attachera à leur rendre peu à peu cette position si naturelle et si facile, qu'ils puissent la conserver longtemps sans fatigue.

60. Enfin, l'instructeur doit apporter beaucoup d'attention à ce que le port d'armes ne soit ni trop haut, ni trop bas : s'il était trop

haut, il ferait ouvrir le coude droit, le soldat occuperait par là trop d'espace dans le rang, et l'arme serait chancelante; s'il était trop bas, les files se trouveraient trop serrées, le soldat n'aurait pas l'espace nécessaire pour manier son arme avec facilité, le bras droit fatiguerait trop, entraînerait l'épaule, etc.

61. L'instructeur, avant de passer à la seconde leçon, fera répéter les mouvements de *téte à droite* ou de *téte à gauche,* ainsi que les *à-droite,* les *à-gauche* et les *demi-tours à droite.*

———

SECONDE LEÇON.

Maniement des armes.

62. Le maniement des armes sera montré aux quatre hommes placés d'abord sur un rang, coude à coude, et ensuite sur une file.

63. L'exécution de chaque commandement ne formera qu'un temps; mais ce temps sera divisé en mouvements, afin d'en mieux faire connaître le mécanisme aux soldats.

64. La vitesse de chacun des mouvements du maniement des armes, sauf les exceptions indiquées ci-après, est fixée à un quatre-vingt-dixième de minute; mais, afin de ne pas fatiguer l'attention des hommes de recrue, on ne

s'attachera d'abord qu'à l'exécution des mouvements, sans exiger qu'ils s'occupent de la cadence, à laquelle on ne les astreindra que progressivement, et lorsqu'ils seront familiarisés avec le maniement de leur arme.

65. Les mouvements relatifs à la cartouche, à la baguette, et au placement et au déplacement de la baïonnette, ne peuvent pas être exécutés avec la vitesse qui vient d'être prescrite, ni même avec une vitesse uniforme. Ils ne seront donc point soumis à cette cadence. L'instructeur s'attachera à faire exécuter ces mouvements avec promptitude, et surtout avec régularité.

66. La dernière syllabe du commandement décidera l'exécution brusque et vive du premier mouvement de chaque temps; les commandements de *deux*, de *trois* et de *quatre* décideront celle des autres mouvements. Dès que le soldat connaîtra bien la position des divers mouvements d'un temps, on lui montrera à l'exécuter sans s'arrêter sur ses mouvements; mais il en observera le mécanisme, afin d'assurer l'arme et d'éviter les inconvénients qui résultent de ce qu'on appelle *escamoter l'arme.*

67. Le maniement des armes sera montré dans la progression suivante. L'instructeur commandera :

L'arme = AU BRAS.

UN TEMPS ET TROIS MOUVEMENTS.

Premier mouvement.

68. Porter l'arme en avant, avec la main droite, entre les yeux et d'aplomb, la baguette en dehors; saisir l'arme de la main gauche à la capucine, la relever à hauteur du menton, et empoigner en même temps l'arme de la main droite à onze centimètres (quatre pouces) au-dessous de la platine.

Deuxième mouvement.

69. Retourner l'arme, avec la main droite, le canon en dehors; l'appuyer à l'épaule gauche, et passer l'avant-bras gauche horizontalement sur la poitrine entre la main droite et le chien, qui sera appuyé sur l'avant-bras gauche, la main gauche sur le teton droit.

Troisième mouvement.

70. Laisser tomber vivement la main droite dans le rang.

71. Les soldats étant l'arme au bras, si l'instructeur veut les faire reposer, il commandera :

REPOS.

72. A ce commandement, les soldats porteront vivement la main droite à la poignée de

l'arme, et ne seront plus tenus à garder l'immobilité ni la position.

73. Lorsque l'instructeur voudra faire passer les soldats de l'état de repos à celui d'immobilité, il commandera :

1. *Garde à vous.*

2. PELOTON.

74. Au second commandement, les soldats reprendront la position du troisième mouvement de *l'arme au bras.*

Portez = VOS ARMES.

UN TEMPS ET TROIS MOUVEMENTS.

Premier mouvement.

75. Empoigner l'arme, avec la main droite, au-dessous et contre l'avant-bras gauche.

Deuxième mouvement.

76. Porter l'arme, avec la main droite, d'aplomb contre l'épaule droite, la baguette en avant; la saisir avec la main gauche à hauteur de l'épaule droite; tourner en même temps la main droite pour empoigner la sous-garde et le chien, le bras droit presque allongé.

Troisième mouvement.

77. Laisser tomber vivement la main gauche dans le rang.

Présentez ⸺ VOS ARMES.

UN TEMPS ET DEUX MOUVEMENTS.

Premier mouvement.

78. Porter l'arme avec la main droite d'aplomb vis-à-vis le milieu du corps, la baguette en avant; empoigner en même temps l'arme brusquement avec la main gauche, le petit doigt touchant l'évidement du bois, le pouce allongé le long du canon contre la monture, l'avant-bras collé au corps sans être gêné, la main à hauteur du coude.

Deuxième mouvement.

79. Empoigner l'arme de la main droite au-dessous et contre la sous-garde.

Portez ⸺ VOS ARMES.

UN TEMPS ET DEUX MOUVEMENTS.

Premier mouvement.

80. Glisser la main gauche jusqu'à la hau-

teur de l'épaule, et porter avec cette main l'arme d'aplomb contre l'épaule droite; empoigner avec la main droite le chien et la sousgarde, le bras droit presque allongé.

Deuxième mouvement.

81. Laisser tomber vivement la main gauche dans le rang.

Reposez-vous = SUR VOS ARMES.

UN TEMPS ET DEUX MOUVEMENTS.

Premier mouvement.

82. Porter brusquement la main gauche à la grenadière; détacher un peu l'arme de l'épaule avec la main droite; lâcher l'arme de la main droite, la descendre de la main gauche, la ressaisir avec la main droite au-dessus de la capucine, le pouce droit sur le canon pour l'empoigner, les quatre doigts allongés sur le bois, l'arme d'aplomb, la crosse à huit centimètres (trois pouces) de terre, le talon de la crosse dirigé sur le côté de la pointe du pied droit, et laisser tomber la main gauche dans le rang.

Deuxième mouvement.

83. Laisser glisser l'arme dans la main

droite, en ouvrant un peu les doigts, de manière que le talon de la crosse se place à côté et contre la pointe du pied droit.

Position du soldat reposé sur l'arme.

84. La main basse, le canon entre le pouce et le premier doigt allongé le long de la monture, les trois autres doigts allongés et joints, le bout du canon à environ cinq centimètres (deux pouces) de l'épaule droite, la baguette en avant, le talon de la crosse à côté et contre la pointe du pied droit, l'arme d'aplomb.

85. Lorsque l'instructeur voudra faire reposer dans cette position, il commandera :

REPOS.

86. A ce commandement, les soldats passeront la main droite étendue sur la baguette, et appuyeront le bout du canon contre l'épaule droite.

87. Lorsque l'instructeur voudra faire passer les soldats de l'état de repos à celui d'immobilité, il commandera :

1. *Garde à vous.*

2. PELOTON.

88. Au second commandement, les hommes

reprendront la position du soldat reposé sur l'arme.

Portez = VOS ARMES.

UN TEMPS ET DEUX MOUVEMENTS.

Premier mouvement.

89. Élever l'arme perpendiculairement, avec la main droite, à hauteur du teton droit, vis-à-vis l'épaule, à cinq centimètres (deux pouces) du corps, le coude droit y restant joint; saisir l'arme de la main gauche, au-dessous de la main droite, et descendre aussi-tôt la main droite pour empoigner la sous-garde et le chien, en appuyant l'arme à l'épaule, le bras droit presque allongé.

Deuxième mouvement.

90. Laisser tomber vivement la main gauche dans le rang.

Croisez = LA BAÏONNETTE.

UN TEMPS ET DEUX MOUVEMENTS.

Premier mouvement.

91. Élever un peu l'arme avec la main droite,

en faisant un demi-à-droite sur le talon gauche, et rapportant le milieu du pied droit vis-à-vis et à environ huit centimètres (trois pouces) du talon gauche.

Deuxième mouvement.

92. Laisser tomber l'arme dans la main gauche, qui la saisira un peu en avant de la capucine, le canon en dessus, le coude gauche appuyé au corps; empoigner en même temps l'arme au-dessous de la sous-garde avec la main droite, qui viendra s'appuyer contre la hanche, la pointe de la baïonnette à hauteur de l'œil.

Portez = VOS ARMES.

UN TEMPS ET DEUX MOUVEMENTS.

Premier mouvement.

93. Redresser l'arme avec la main gauche, en revenant face en tête, la placer contre l'épaule droite, la baguette en avant; empoigner en même temps le chien et la sous-garde avec la main droite.

Deuxième mouvement.

94. Lâcher l'arme de la main gauche, en la

laissant tomber dans le rang, et allonger en même temps le bras droit.

Charge en douze temps (1).

1° *Chargez* = VOS ARMES.

UN TEMPS ET DEUX MOUVEMENTS.

Premier mouvement.

95. Comme le premier mouvement de croisez la baïonnette, excepté que le milieu du pied droit appuyera contre le talon gauche.

Deuxième mouvement.

96. Abattre l'arme avec la main droite dans la main gauche qui viendra en même temps la saisir à la capucine, le pouce allongé le long du bois, la crosse sous l'avant-bras droit, la poignée du fusil contre le corps, à environ cinq centimètres (deux pouces) au-dessous du teton droit, le bout du canon à hauteur de l'œil, la sous-garde un peu en dehors, le coude gauche appuyé sur le côté; en même temps que l'arme tombera dans la main gauche, portez le pouce

---

(1) Toutes les fois que le soldat devra exécuter les charges ou les feux, l'instructeur lui fera placer préalablement sa giberne, le coffret sur le devant.

de la droite sur la crête du chien, les autres doigts embrassant la sous-garde.

2. *Découvrez* = LA CHEMINÉE (1).

UN TEMPS ET UN MOUVEMENT.

97. Faire effort avec le pouce sur la crête du chien, les autres doigts servant d'appui, mettre le chien à l'armé, sans brusquerie, en faisant sonner distinctement les deux crans de la noix, porter la main droite à la poche aux capsules, prendre la capsule entre le pouce et les deux premiers doigts, et la porter près et au-dessus de la cheminée, les ongles en bas, le coude droit le long de la crosse.

3. AMORCEZ.

UN TEMPS ET UN MOUVEMENT.

98. Placer la capsule sur la cheminée en appuyant fortement dessus avec le pouce; je-

(1) Lorsqu'on devra faire l'exercice à feu, il faudra enlever le tampon et le placer dans la giberne ; dans les exercices à blanc, le tampon restera sur la cheminée.

Lorsque l'arme aura fait feu, faire tomber la capsule brûlée avec l'un des doigts de la main droite, qu'elle soit engagée dans l'évidement de la tête du chien, ou qu'elle soit restée sur la cheminée.

ter un coup d'œil sur la cheminée pour s'assurer que la capsule est placée; porter le pouce sur la crête du chien, le doigt du milieu sur la détente, les autres doigts embrassant la sous-garde.

4. *Couvrez* $=$ LA CHEMINÉE.

UN TEMPS ET DEUX MOUVEMENTS.

Premier mouvement.

99. Conduire le chien à l'abattu avec le pouce et le doigt du milieu; porter le pouce derrière la crête du chien, l'ongle en l'air, les autres doigts presque fermés, la main tombante, l'avant-bras droit serré le long de la crosse.

Deuxième mouvement.

100. Appuyer avec force sur la crête du chien avec le pouce de la main droite, en résistant de la main gauche, saisir l'arme à la poignée avec la main droite.

5. *L'arme* $=$ A GAUCHE.

UN TEMPS ET DEUX MOUVEMENTS.

Premier mouvement.

101. Passer l'arme le long de la cuisse gauche, en la redressant près du corps; à cet effet, appuyer fortement sur la crosse en éten-
dant vivement le bras droit, sans baisser
l'épaule droite; tourner en même temps la
baguette vers le corps, ouvrir la main gauche
et laisser glisser l'arme dans cette main jusqu'au-dessous de la grenadière, le coude restant près du corps; faire en même temps face
en tête, en tournant sur le talon gauche, et
porter le pied droit en avant, le talon contre
le milieu du pied gauche.

Deuxième mouvement.

102. Lâcher le fusil de la main droite, descendre l'arme avec la main gauche le long et
près du corps, poser la crosse à terre sans
frapper, la main gauche appuyée au corps,
l'arme touchant la cuisse gauche, le bout du
canon vis-à-vis le milieu du corps, porter en
même temps la main droite à la giberne, ouvrir la giberne.

6. *Prenez* = LA CARTOUCHE.

UN TEMPS ET UN MOUVEMENT.

103. Prendre la cartouche entre le pouce

et les deux premiers doigts, la porter entre les dents.

7. *Déchirez* = LA CARTOUCHE.

UN TEMPS ET UN MOUVEMENT.

104. Déchirer la cartouche jusqu'à la poudre, la tenant près de l'ouverture entre le pouce et les deux premiers doigts; porter la main droite à hauteur et près le bout du canon.

8. *Cartouche* = DANS LE CANON.

UN TEMPS ET UN MOUVEMENT.

105. Porter l'œil sur le bout du canon; tourner brusquement le dessus de la main droite vers le corps, pour renverser la poudre dans le canon, en élevant le coude à hauteur du poignet; secouer la cartouche, l'enfoncer dans le canon, et laisser la main renversée, les doigts fermés sans les serrer.

9. *Tirez* = LA BAGUETTE.

UN TEMPS ET TROIS MOUVEMENTS.

Premier mouvement.

106. Baisser vivement le coude droit, et

saisir la baguette entre le pouce et le premier doigt ployé, les autres fermés; la tirer vivement en allongeant le bras, la ressaisir par le milieu entre le pouce et le premier doigt, la main renversée, la paume de la main en avant, les ongles en l'air, les yeux suivant le mouvement de la main; dégager la baguette du tenon en allongeant de nouveau le bras.

Deuxième mouvement.

107. Tourner rapidement la baguette entre la baïonnette et le visage, en fermant les doigts, les baguettes des hommes du second et du troisième rang rasant l'épaule droite de l'homme qui est immédiatement devant eux dans leur file, la baguette droite et parallèle à la baïonnette, le bras tendu, le gros bout de la baguette vis-à-vis l'embouchure du canon sans y être engagé, les yeux fixés sur cette embouchure.

Troisième mouvement.

108. Mettre le gros bout de la baguette dans le canon, et l'y enfoncer jusqu'à la main.

10. BOURREZ.

UN TEMPS ET UN MOUVEMENT.

109. Étendre le bras de toute sa longueur, en remontant la main droite pour saisir la baguette avec le pouce allongé, le premier doigt ployé et les autres fermés; la chasser avec force dans le canon deux fois de suite, et la ressaisir par le petit bout entre le pouce et le premier doigt ployé, les autres fermés, le coude droit joint au corps.

11. *Remettez* == LA BAGUETTE.

UN TEMPS ET TROIS MOUVEMENTS.

Premier mouvement.

110. Tirer vivement la baguette, la ressaisir par le milieu entre le pouce et le premier doigt, la main renversée, la paume de la main en avant, les ongles en l'air, les yeux suivant le mouvement de la main; dégager la baguette du canon en allongeant le bras.

Deuxième mouvement.

111. Tourner rapidement la baguette entre la baïonnette et le visage en fermant les doigts, les baguettes des hommes du second et du troisième rang rasant l'épaule droite de l'homme qui est immédiatement devant eux dans leur file, la baguette droite et parallèle à la baïonnette, le bras tendu, le petit bout de

la baguette vis-à-vis l'entrée du tenon sans y
être engagé, les yeux fixés sur cette entrée.

Troisième mouvement.

112. Engager le petit bout dans le tenon,
et faire glisser la baguette avec le pouce qui
l'accompagnera jusqu'à la grenadière; remon-
ter vivement la main un peu ployée; mettre
le petit doigt sur le gros bout de la baguette,
afin d'achever de l'enfoncer; descendre la
main gauche le long du canon, en allongeant
le bras de toute sa longueur, sans baisser
l'épaule.

12. *Portez* ⸗ VOS ARMES.

UN TEMPS ET DEUX MOUVEMENTS.

Premier mouvement.

113. Élever l'arme avec la main gauche, la
porter contre l'épaule droite, la baguette en
avant; descendre la main droite qui saisit en
même temps le chien et la sous-garde.

Deuxième mouvement.

114. Laisser tomber vivement la main
gauche dans le rang.

13. *Apprêtez* = VOS ARMES.

UN TEMPS ET TROIS MOUVEMENTS.

Position du premier rang.

Premier mouvement.

115. Comme le premier mouvement du premier temps de la charge.

Deuxième mouvement.

116. Comme le deuxième mouvement du premier temps de la charge.

Troisième mouvement.

117. Armer et saisir l'arme à la poignée, sans déranger la crosse.

Position du second rang.

118. Premier, deuxième et troisième mouvement comme la position du premier rang.

14. JOUE.

UN TEMPS ET UN MOUVEMENT.

119. Élever l'arme des deux mains, appuyer la crosse contre l'épaule, le coude droit à hauteur de l'épaule, la tête légèrement inclinée sur la crosse, de manière que l'œil puisse apercevoir promptement l'encoche de la hausse, le point de mire et l'objet sur lequel on veut viser. L'arme doit être droite, afin d'éviter toute déviation dans la direction du coup; la joue sera légèrement appuyée sur la crosse, le premier doigt placé sur la détente.

120. Lorsque les chasseurs exécuteront des feux, réunis en peloton, les hommes du premier rang devront baisser un peu le coude droit, afin de faciliter l'en-joue des hommes du second rang.

121. Les hommes du second rang porteront, en mettant en joue, le pied droit à o,m110 (8 pouces) sur la droite, vers le talon gauche de l'homme qui est placé à côté d'eux.

15. FEU.

UN TEMPS ET UN MOUVEMENT.

122. Appuyer doucement et sans à-coup la deuxième phalange de l'index sur la détente, faire partir le coup sans baisser la tête ni la détourner, et rester dans cette position.

123. Les instructeurs exigeront que les

hommes visent un objet, chaque fois qu'ils mettront en joue, et feront souvent répéter les positions des feux, sur des terrains diversement inclinés, afin de les habituer à ajuster, soit qu'il faille tirer au-dessus ou au-dessous du plan horizontal.

16. CHARGEZ.

UN TEMPS ET UN MOUVEMENT.

124. Retirer vivement l'arme et prendre la position du deuxième mouvement du premier temps de la charge; le deuxième rang rapportera le pied droit derrière le gauche.

125. Les soldats étant dans cette position, l'instructeur leur fera continuer la charge, par les commandements prescrits aux numéros 97 et suivants.

126. Lorsque, après avoir tiré, l'instructeur, au lieu de faire charger les armes, voudra les faire porter, il commandera :

Portez = VOS ARMES.

UN TEMPS ET UN MOUVEMENT.

127. Au commandement de *Portez*, prendre la position du deuxième mouvement du premier temps de la charge, retirer le doigt de dessus la détente, et saisir l'arme à la poignée;

au commandement VOS ARMES, porter l'arme vivement en se remettant face en tête.

128. Les soldats étant dans la position de JOUE, lorsque l'instructeur voudra leur faire replacer les armes, il commandera :

Replacez = VOS ARMES.

UN TEMPS ET UN MOUVEMENT.

129. A la première partie du commandement, retirer le doigt de dessus la détente; au commandement *d'armes*, reprendre la position du troisième mouvement d'*Apprêtez* = VOS ARMES.

130. Les soldats étant dans la position du troisième mouvement d'*Apprêtez* =VOS ARMES, si l'instructeur veut leur faire porter l'arme, il commandera :

Portez = VOS ARMES.

131. Au commandement de *Portez*, les hommes portent le pouce de la main droite sur la crête du chien, le premier doigt sur la détente, mettent le chien à l'abattu, en le soutenant du pouce de la main droite pour qu'il n'écrase pas la capsule, et saisissent l'arme à la poignée. Au commandement de VOS ARMES, porter vivement l'arme à l'épaule droite et reprendre la position du port d'armes.

132. Les soldats étant au port d'armes, lorsque l'instructeur voudra leur faire remettre la baïonnette, il commandera :

Remettez = LA BAÏONNETTE.

UN TEMPS ET TROIS MOUVEMENTS.

Premier mouvement.

133. Porter brusquement la main gauche à la grenadière, détacher un peu l'arme de l'épaule avec la main droite.

Deuxième mouvement.

134. Descendre l'arme de la main gauche, la ressaisir avec la main droite au-dessus de la capucine; poser la crosse à terre, en laissant glisser l'arme dans la main gauche; rapporter aussitôt la main droite à la baïonnette.

Troisième mouvement.

135. Oter la baïonnette et la mettre dans le fourreau; saisir ensuite l'arme avec la main droite, un peu au-dessus de la capucine; laisser tomber en même temps la main gauche, et reprendre la position du soldat reposé sur l'arme.

Portez = VOS ARMES.

136. Comme étant reposé sur les armes.

Observation sur la baïonnette à ressort.

137. Si les soldats étaient armés de la baïonnette à ressort, le temps de remettre la baïonnette s'exécuterait de la manière suivante :

Premier mouvement, comme ci-dessus.

Deuxième mouvement.

138. Saisir l'arme avec la main droite, à la première capucine, la descendre avec cette même main le long de la cuisse droite, ouvrir la main gauche, laisser glisser l'arme jusqu'à l'embouchoir, poser la crosse à terre sans frapper, et rapporter aussitôt la main droite à la baïonnette, le pouce placé sur le ressort.

Troisième mouvement.

139. Faire effort du pouce de la main droite sur le ressort, ôter la baïonnette, la croiser sur l'avant-bras gauche, la main droite

placée sur le bout du canon pour soutenir l'arme; saisir la baïonnette avec la main gauche par la branche et la lame, et l'enfoncer dans le fourreau; descendre en même temps la main droite, en la laissant glisser le long du canon, rentrer la main gauche dans le rang.

L'arme sous le bras = DROIT.

UN TEMPS ET TROIS MOUVEMENTS.

Premier mouvement.

140. Détacher l'arme perpendiculairement à onze centimètres (quatre pouces) de l'épaule avec la main droite, en l'élevant un peu et la saisir avec la main gauche à la poignée.

Deuxième mouvement.

141. Saisir l'arme avec la main droite à la capucine, l'avant-bras droit collé le long de la monture, le pouce le long du canon.

Troisième mouvement.

142. Chasser la crosse sous le bras avec la main gauche, en tournant l'arme avec les deux mains, le canon en dessous, la main droite

restant à la capucine, le pouce appuyé sur la baguette pour l'empêcher de glisser, le petit doigt à la hanche, la main gauche tombant en même temps à sa position.

Portez ⸗ VOS ARMES.

UN TEMPS ET TROIS MOUVEMENTS.

Premier mouvement.

143. Redresser l'arme avec la main droite, la saisir avec la main gauche à la poignée, un peu au-dessous du chien, tourner l'arme la sous-garde en avant, la batterie en dehors, l'avant-bras droit collé le long de la monture, le canon détaché de l'épaule.

Deuxième mouvement.

144. Saisir la sous-garde avec la main droite, entre le pouce et le premier doigt, descendre l'arme à sa position.

Troisième mouvement.

145. Appuyer le canon à l'épaule droite avec la main droite, et replacer la main gauche sur le côté.

4

Baïonnette = AU CANON.

UN TEMPS ET TROIS MOUVEMENTS.

Premier et second mouvement.

146. Comme le premier et le second mouvement de *Remettez la baïonnette*, excepté qu'à la fin du second mouvement la main gauche ira saisir la baïonnette par la douille et la branche, de manière que l'extrémité de la douille dépasse de deux centimètres (un pouce) le talon de la main.

Troisième mouvement.

147. Arracher la baïonnette avec la main gauche, la fixer au bout du canon, et laisser tomber vivement la main gauche dans le rang.

Portez = VOS ARMES.

148. Comme étant reposé sous les armes, n° 89.

Descendez = VOS ARMES.

UN TEMPS ET DEUX MOUVEMENTS.

Premier mouvement.

149. Comme le premier mouvement de *Reposez sous les armes.*

Deuxième mouvement.

150. Incliner un peu le bout du canon en avant, la crosse en arrière et à environ huit centimètres (trois pouces) de terre; la main droite, appuyée à la hanche, contiendra l'arme de manière que les hommes du second rang ne touchent pas avec leurs baïonnettes ceux qui sont devant eux.

Portez = VOS ARMES.

151. Au commandement de *Portez*, redresser l'arme perpendiculairement dans la main droite; au commandement de VOS ARMES, exécuter ce qui a été prescrit pour les porter, en partant de la position du soldat reposé sur l'arme.

L'arme sur l'épaule = DROITE.

UN TEMPS ET DEUX MOUVEMENTS.

Premier mouvement.

152. Faire sauter l'arme perpendiculaire-

ment de la main droite dans la main gauche, qui la saisit entre la première capucine et l'é-videment du bois; la main droite vient en même temps se placer sur la crosse, le talon entre le premier et le second doigt.

Deuxième mouvement.

153. Abandonner l'arme de la main gauche, en achevant de l'élever de la droite, et la porter sur l'épaule droite.

Portez == VOS ARMES.

UN TEMPS ET DEUX MOUVEMENTS.

Premier mouvement.

154. Allonger vivement le bras droit de toute sa longueur, et saisir en même temps l'arme de la main gauche, à la première capucine, la baguette en dehors.

Deuxième mouvement.

155. Abandonner l'arme de la main droite, qui viendra la saisir de manière que le pouce et le premier doigt embrassent la sous-garde; achever de descendre l'arme avec la main droite à la position du port d'armes, et rentrer vivement la main gauche dans le rang.

L'arme = A VOLONTÉ.

UN TEMPS ET UN MOUVEMENT.

156. Porter l'arme indifféremment sur l'une ou l'autre épaule, d'une ou de deux mains, l'extrémité du canon en l'air.

Portez = VOS ARMES.

157. Reprendre vivement la position du port d'armes.

158. Les soldats étant reposés sur les armes, lorsque l'instructeur voudra faire mettre les armes à terre, il commandera :

Vos armes = A TERRE.

UN TEMPS ET DEUX MOUVEMENTS.

Premier mouvement.

159. Tourner l'arme de la main droite, la contre-platine en avant, saisir en même temps la giberne par le coin du coffret avec la main gauche, courber le corps brusquement, avancer le pied gauche, le talon vis-à-vis la capucine; poser l'arme à terre droit devant soi avec la main droite, le talon de la crosse restant toujours à hauteur de la pointe

4.

du pied droit, le jarret droit un peu ployé, le talon droit élevé.

Deuxième mouvement.

160. Se relever, rapporter le pied gauche à côté du droit, lâcher la giberne, et laisser tomber les deux mains à leur position.

Relevez = VOS ARMES.

UN TEMPS ET DEUX MOUVEMENTS.

Premier mouvement.

161. Saisir le coin de la giberne avec la main gauche, courber le corps brusquement, avancer le pied gauche, le talon vis-à-vis la capucine, le jarret droit un peu ployé, le talon droit élevé, et saisir l'arme avec la main droite.

Deuxième mouvement.

162. Relever l'arme, rapporter le pied gauche à côté du droit, retourner aussitôt l'arme avec la main droite, la baguette en avant; lâcher en même temps la giberne, et laisser tomber la main gauche à sa position.

Inspection des armes.

163. Les soldats étant reposés sur les armes, et ayant la baïonnette dans le fourreau, si l'instructeur veut faire l'inspection des armes, il commandera :

Inspection = DES ARMES.

UN TEMPS ET TROIS MOUVEMENTS.

Premier mouvement.

164. Faire un à-droite et demi sur le talon gauche, en portant le pied droit à seize centimètres (six pouces) du gauche perpendiculairement en arrière de l'alignement, les pieds en équerre; saisir brusquement l'arme de la main gauche un peu au-dessus de la grenadière, incliner le bout du canon en arrière sans que la crosse bouge, la bagette tournée vers le corps; porter en même temps la main droite à la baïonnette, et la saisir comme il est prescrit au n° 144.

Deuxième mouvement.

165. Arracher la baïonnette du fourreau, la porter et la fixer au bout du canon; saisir ensuite la baguette, la tirer comme il est ex-

pliqué à la charge en douze temps, et la laisser glisser dans le canon.

Troisième mouvement.

166. Se remettre vivement face en tête, en saisissant l'arme avec la main droite, et prendre la position du soldat reposé sur l'arme.

167. L'instructeur inspectera ensuite successivement l'arme de chaque soldat, en passant devant le rang. Chaque soldat, à mesure que l'instructeur passera devant lui, élèvera vivement son arme de la main droite, la saisira avec la main gauche entre la capucine et l'évidement du bois, la platine en dehors, la main gauche à hauteur du menton, l'arme vis-à-vis l'œil gauche; l'instructeur la prendra, et la lui rendra après l'avoir examinée; le soldat la reprendra de la main droite et la replacera à la position *du soldat reposé sur l'arme*.

168. Lorsque l'instructeur l'aura dépassé, chaque soldat reprendra la position prescrite au commandement d'*Inspection des armes*, et remettra la baguette; après quoi il reviendra face en tête.

169. Si, au lieu de faire l'inspection des armes, l'instructeur veut seulement faire mettre la baïonnette au canon, il commandera :

Baïonnette = AU CANON.

170. Prendre la position indiquée ci-dessus, n° 148, mettre la baïonnette au bout du
canon, comme il a été expliqué, et revenir
aussitôt face en tête.

171. La baïonnette étant au bout du canon,
si l'instructeur veut faire mettre la baguette
dans le canon, pour faire l'inspection des
armes après avoir tiré, il commandera :

Baguette = DANS LE CANON.

172. Mettre la baguette dans le canon,
comme il a été expliqué ci-dessus, et faire
aussitôt face en tête.

173. L'instructeur, voulant seulement exa-
miner si l'arme n'est pas chargée, pourra,
pour s'en assurer, prendre la baguette par le
petit bout, et la faire sauter dans le canon.

174. Chaque soldat, à mesure que l'instructeur l'aura dépassé, reprendra la position
prescrite au commandement de *Baguette dans
le canon*, remettra la baguette, et reviendra
face en tête.

*Observations relatives au maniement des
armes.*

175. Le maniement des armes déforme
souvent, chez les hommes de recrue, la position du corps, quand elle n'est pas encore
parfaitement assurée. Il est donc nécessaire

que l'instructeur les ramène souvent à la régularité de la position et du port d'armes dans le cours des leçons.

176. Les hommes de recrue sont aussi fort sujets à creuser les reins et à renverser le corps, surtout au premier temps de la charge, lorsqu'on les y tient trop longtemps. Ainsi l'instructeur doit éviter de trop les arrêter dans cette position.

—

TROISIÈME LEÇON.

Charge en quatre temps.

177. L'objet de cette charge est de préparer les soldats à la charge à volonté, et de leur faire distinguer les temps qui exigent le plus de régularité et d'attention, tels que ceux d'*amorcer*, *mettre la cartouche dans le canon, et bourrer;* cette charge sera divisée ainsi qu'il suit :

178. Le premier temps s'exécutera à la fin du commandement, les trois autres aux commandements de *deux, trois* et *quatre.*

179. L'instructeur commandera :

1. *Charge en quatre temps.*

2. *Chargez* = VOS ARMES.

UN.

180. Exécuter le premier temps de la charge, découvrir la cheminée, prendre la capsule, amorcer, couvrir la cheminée, prendre la cartouche, saisir l'arme à la poignée avec la paume de la main et les deux derniers doigts.

DEUX.

181. Passer l'arme à gauche, déchirer la cartouche, mettre la cartouche dans le canon, la secouer et l'enfoncer.

TROIS.

182. Tirer la baguette, la faire entrer dans le canon jusqu'à la main, et bourrer deux coups.

QUATRE.

183. Remettre la baguette et porter l'arme.

Charge à volonté.

184. L'instructeur enseignera ensuite la charge à volonté, qui s'exécutera comme la charge en quatre temps, mais de suite et sans s'arrêter sur aucun temps. L'instructeur commandera :

1. *Charge à volonté.*

2. *Chargez* = VOS ARMES.

Observations relatives aux charges.

185. L'instructeur observera que les soldats qui, sans se presser en apparence, chargent avec calme et sang-froid, sont ceux qui chargent le mieux et le plus promptement ; parce qu'ils tournent la baguette sans accrocher celle des hommes qui sont à côté d'eux ou devant eux ; qu'ils ne manquent ni l'embouchure du canon, ni celle du tenon, qu'ils bourrent mieux, ne laissent pas tomber les cartouches en les prenant dans la giberne ; objets essentiels, auxquels l'instructeur obligera les soldats à donner la plus grande attention.

186. L'instructeur exigera de la régularité dans l'exécution des temps et dans les positions, sans quoi les soldats se gêneraient et s'embarrasseraient réciproquement ; il les habituera progressivement à charger leurs armes le plus promptement possible, sans se régler sur leurs voisins, et surtout sans les attendre.

187. La cadence prescrite au n° 64 n'est point applicable aux mouvements dont se compose la charge en quatre temps et la charge à volonté.

Feux.

188. Les feux seront directs ou obliques, et s'exécuteront ainsi qu'il va être expliqué.

Feu direct.

189. L'instructeur fera les commandements suivants :

1. *Feu de peloton.*

2. *Peloton.*

3. ARMES.

4. JOUE.

190. Ces divers commandements seront exécutés comme il a été prescrit au maniement des armes. Au troisième, les deux hommes prendront la position qui a été indiquée, suivant le rang dans lequel ils se trouvent placés. Au quatrième, ils mettront en joue, et feront feu à volonté quand ils croiront avoir bien ajusté, sans commandement de *feu;* après avoir tiré, ils chargeront leurs armes et les porteront.

Feux obliques.

191. Les feux obliques s'exécuteront à droite et à gauche, et par les mêmes commandements

5

que le feu direct, avec cette seule différence que le commandement de *joue* sera précédé chaque fois par le commandement de *oblique à droite* ou *oblique à gauche*, qui sera fait après celui d'*armes*.

Position des deux rangs dans les feux obliques à droite.

192. Au commandement d'*armes*, les deux rangs exécuteront ce qui leur a été prescrit pour le feu direct.

Au commandement d'avertissement de *oblique à droite*, les deux rangs effaceront l'épaule droite, et regarderont fixement l'objet sur lequel ils doivent tirer.

193. Au commandement de *joue*, le premier rang dirigera le bout du canon à droite, sans déranger les pieds.

194. Le second rang dirigera de même le bout du canon à droite, avancera d'environ vingt-deux centimètres (8 pouces) le pied gauche vers le talon droit de l'homme du premier rang qui se trouve à la droite de son chef de file, portera le haut du corps en avant, en pliant un peu le genou gauche.

195. Après avoir tiré, les deux rangs prendront la position qui leur a été prescrite dans le feu direct; le second rang rapportera le talon gauche vis-à-vis le milieu du pied droit, retirera l'arme et la replacera

dans la position directe; chaque homme continuera la charge comme s'il était isolé.

Position des deux rangs dans les feux obliques
à gauche.

196. Au commandement d'*armes*, les deux rangs exécuteront ce qui leur a été prescrit pour le feu direct.

Au commandement d'avertissement de *oblique à gauche*, les deux rangs effaceront l'épaule gauche, et regarderont fixement l'objet sur lequel ils doivent tirer.

197. Au commandement de *joue*, le premier rang dirigera le bout du canon à gauche sans déranger les pieds; le deuxième rang avancera d'environ vingt-deux centimètres (8 pouces) le pied droit vers le talon droit de l'homme du premier rang qui se trouve à la droite de son chef de file, portera le haut du corps en avant, en pliant un peu le genou droit.

198. Après avoir tiré, les deux rangs retireront leurs armes et les replaceront dans la position directe. Le second rang rapportera le pied droit derrière le talon gauche, le milieu du pied contre le talon. Chaque homme continuera la charge comme s'il était isolé.

Observations relatives aux feux obliques.

Effacer une épaule en mettant en joue.

199. Afin de pouvoir diriger le bout du canon plus ou moins obliquement, selon la position de l'objet auquel on visera.

L'instructeur rendra ce principe sensible aux hommes de recrue, en plaçant un homme en avant, plus ou moins vers la droite ou vers la gauche, pour figurer cet objet, lorsqu'ils connaîtront bien l'emboîtement des feux obliques.

Feu de deux rangs.

200. Le feu de deux rangs s'exécutera par les deux rangs dont les files tireront successivement, sans se régler les unes sur les autres, excepté pour le premier feu.

201. L'instructeur fera les commandements suivants :

1. *Feu de deux rangs.*

2. *Peloton.*

3. ARMES.

4. COMMENCEZ LE FEU.

202. Au troisième commandement, les deux rangs prendront la position prescrite dans les feux directs.

203. Au quatrième commandement, l'homme de droite du premier rang et celui du second mettront en joue ensemble, et feront feu; celui du second rang, en mettant en joue, portera le pied droit à vingt-deux centimètres (huit pouces) sur la droite, vers le talon gauche de l'homme qui est à côté de lui, et fera feu dans cette position.

204. Ils chargeront vivement leur arme et tireront de nouveau; puis rechargeront leur arme, feront feu de nouveau, et ainsi de suite.

205. La seconde file mettra en joue à son tour au moment où la première file retirera ses armes, et successivement toutes les autres files en feront autant.

206. Après le premier feu, l'homme du premier rang et celui du second ne s'astreindront plus à tirer ensemble.

207. Les deux rangs feront toujours face en tête en passant l'arme à gauche; et, après avoir chargé, ils feront sauter l'arme de la main gauche dans la main droite, l'abattront comme cela est prescrit au premier temps de la charge, armeront et rapporteront le milieu du pied droit contre le talon gauche.

208. Lorsque l'instructeur voudra faire cesser le feu, il commandera :

Roulement.

209. A ce commandement, le soldat ne tirera plus; chaque homme mettra son arme au repos, la chargera, ou achèvera de la charger, si elle ne l'est pas, et la portera.

Feu par rangs.

210. Le feu par rangs s'exécutera par les deux rangs entiers, qui tireront alternativement.

211. L'instructeur fera les commandements suivants :

1. *Feu par rangs.*

2. *Peloton.*

3. ARMES.

Au troisième commandement, les deux rangs prendront la position prescrite dans les feux directs.

L'instructeur commandera alors :

1. *Deuxième rang.*

2. JOUE.

Au deuxième commandement, le second rang exécutera ce qui a été prescrit pour les feux directs; au deuxième, les hommes, après avoir ajusté, feront feu et chargeront les armes; après avoir chargé, ils prendront la position prescrite au n° 115.

212. Aussitôt que l'instructeur verra que

quelques hommes du deuxième rang ont pris
cette position, il commandera :

1. *Premier rang.*

2. JOUE.

213. Les hommes du premier rang exécuteront ce qui vient d'être prescrit pour le
deuxième.

214. L'instructeur fera alors recommencer
le feu par le deuxième rang, et continuera
ainsi en alternant, jusqu'à ce qu'il juge convenable de faire cesser le feu.

A cet effet il commandera :

Roulement.

215. A ce commandement, les hommes
mettront leur arme au repos, la chargeront
ou achèveront de charger, et la porteront.

Observations relatives aux feux.

216. Lorsqu'on exécutera les feux à poudre, on recommandera aux soldats d'être
attentifs à observer, en découvrant la cheminée, si la fumée s'en échappe; ce qui est une
indication sûre que le coup est parti. Si la
fumée ne sortait pas, le soldat, au lieu de
recharger, épinglerait, et amorcerait de nou-

veau. Si le soldat, croyant le coup parti, avait mis une seconde charge, il devrait du moins s'en apercevoir en bourrant, par la hauteur de la charge, et il serait très-punissable s'il en mettait une troisième. L'instructeur fera donc toujours l'inspection des armes après les feux à poudre, afin de vérifier si quelque soldat a commis la faute de mettre trois charges dans son fusil (1).

217. L'instructeur doit apporter aussi beaucoup d'attention à ce que le soldat, après avoir mis la capsule, conduise le chien à l'abattu, et le soutienne du pouce de la main droite, afin qu'il ne puisse s'abattre sur la capsule.

218. Chaque fois qu'une troupe exécutera les feux de peloton, les hommes, pour n'être pas surpris, doivent toujours être prêts à exécuter le feu direct qui n'a pas de commandement d'avertissement, tandis que les feux obliques sont toujours précédés du commandement de *oblique à droite* ou *à gauche.*

(1) Il arrive quelquefois qu'après un raté de capsule, la cheminée se trouve bouchée par une poussière blanche fort dure et compacte : dans ce cas, le soldat ne doit pas épingler ; il suffit de mettre une nouvelle capsule.

Observations relatives à la seconde partie de l'École du soldat.

219. Lorsqu'après quelques jours d'exercice de la leçon du maniement des armes, les quatre hommes seront affermis dans le port d'armes, l'instructeur terminera toujours la leçon par les faire marcher pendant quelque temps sur un rang, et à un pas l'un de l'autre, afin de les affermir de plus en plus dans le mécanisme du pas direct; il leur montrera aussi à marquer et à changer le pas, ce qui s'exécutera de la manière suivante :

Marquer le pas.

220. Les trois hommes étant en marche au pas ordinaire, l'instructeur commandera :

1. *Marquez le pas.*

2. MARCHE.

221. Au second commandement, qui sera fait à l'instant où le pied va poser à terre, les soldats simuleront le pas, en rapportant les talons à côté l'un de l'autre sans avancer, et en observant la cadence du pas.

222. Lorsque l'instructeur voudra faire reprendre le pas ordinaire, il commandera :

5.

1. *En avant.*

2. MARCHE.

223. Au second commandement, qui sera fait comme il est prescrit ci-dessus, les soldats reprendront le pas de deux pieds.

Changer le pas.

224. Les soldats étant en marche au pas ordinaire, l'instructeur commandera :

1. *Changez le pas.*

2. MARCHE.

225. Au second commandement, qui sera fait à l'instant où le pied va poser à terre, les soldats rapporteront vivement le pied qui est derrière à côté de celui qui vient de poser à terre, et repartiront de ce dernier pied.

TROISIÈME PARTIE.

RÈGLES GÉNÉRALES.

226. Lorsque les hommes de recrue seront bien affermis dans les principes et le mécanisme du pas, la position du corps et le port d'armes, l'instructeur réunira six hommes au moins et huit au plus, pour leur apprendre les principes d'alignement, celui du tact des coudes en marchant de front, le pas accéléré, le pas en arrière, les principes de la marche de flanc, les conversions de pied ferme, les conversions en marchant, et les changements de direction du côté du guide ; il les placera sur un rang coude à coude, et les numérotera de la droite à la gauche.

PREMIÈRE LEÇON.

Alignements.

227. L'instructeur exercera d'abord les soldats de recrue à s'aligner homme par homme, afin de leur mieux faire comprendre les principes de l'alignement ; à cet effet, il commandera aux deux premiers hommes de l'aile

droite de marcher deux pas en avant, et les ayant alignés, il avertira successivement chaque homme, en le désignant par son numéro, de se porter sur l'alignement des deux premiers.

228. Chaque soldat, à l'avertissement qui lui sera fait par l'instructeur de se porter sur l'alignement, tournera la tête et les yeux à droite dans la position prescrite à la première leçon de la première partie, marchera, dans la cadence du pas ordinaire, deux pas en avant, en raccourcissant le dernier de manière à se trouver à environ seize centimètres (six pouces) en arrière du nouvel alignement, qu'il ne doit jamais dépasser ; il se portera ensuite par de petits pas, les jarrets tendus, tranquillement et sans saccade, à côté de l'homme auquel il doit appuyer, de manière que, sans déranger la position de sa tête, la ligne de ses yeux, ainsi que celle de ses épaules, se trouve dans la direction de celle de son voisin, et qu'il sente légèrement le coude de ce dernier, sans ouvrir le sien.

229. L'instructeur, voyant les soldats alignés, commandera :

FIXE.

230. A ce commandement, les soldats replaceront la tête dans la position directe.

231. L'alignement à gauche se prendra d'après les mêmes principes.

232. Lorsque les hommes de recrue auront ainsi appris à s'aligner, homme par homme, correctement et sans tâtonner, l'instructeur fera aligner le rang entier à la fois, par le commandement suivant :

A droite (ou *à gauche*) = ALIGNEMENT.

233. A ce commandement, le rang, à l'exception des deux hommes placés d'avance pour servir de base d'alignement, se portera au pas ordinaire sur la nouvelle ligne, et s'y placera d'après les principes prescrits ci-dessus, n° 228.

234. L'instructeur, placé à cinq ou six pas en avant, et faisant face au rang, veillera à l'observation des principes, et se portera ensuite à l'aile qui a servi de base à l'alignement pour le vérifier.

235. L'instructeur, voyant le plus grand nombre des soldats alignés, commandera :

FIXE.

236. L'instructeur commandera ensuite aux hommes qui ne seraient pas alignés, *telle file* ou *telles files, rentrez* ou *sortez*, en les désignant par leurs numéros : la file ou les files désignées tourneront légèrement la tête du

côté de l'alignement, pour juger de combien elles doivent avancer ou reculer, se porteront tranquillement sur la ligne, et replaceront ensuite la tête dans la position directe.

237. Les alignements en arrière se prendront d'après les mêmes principes : les soldats se porteront un peu en arrière de la ligne, et s'y replaceront ensuite par de petits mouvements en avant, conformément à ce qui a été prescrit n° 228 ; l'instructeur commandera :

En arrière à droite (ou *à gauche*)

═ ALIGNEMENT.

Observations relatives aux principes d'alignement.

238. L'instructeur s'attachera à faire observer les principes suivants :

Que le soldat arrive tranquillement sur la ligne,

Parce que la précipitation est contraire au bon ordre et même à la promptitude dans l'exécution, qu'on n'obtient qu'en habituant le soldat à faire tous les mouvements avec calme, sang-froid et précision ;

Qu'il ne penche pas le corps en arrière, ni la tête en avant,

Parce que ce n'est que par la régularité de la position qu'on apprend à s'aligner;

Qu'il ne tourne la tête que le moins possible, seulement de manière à voir la ligne des yeux et à apercevoir légèrement la poitrine du deuxième homme du côté de l'alignement,

Afin d'éviter que la tête n'entraîne l'épaule hors du rang, et que la fausse position d'un seul homme n'induise en erreur tous ceux qui sont au delà;

Qu'il ne dépasse jamais l'alignement,

Parce que, si un soldat dépassait l'alignement, il serait ensuite obligé de reculer pour se replacer sur la véritable ligne; sa faute se propagerait; les hommes qui sont au delà seraient obligés de reculer à leur tour; ce qu'il faut éviter avec d'autant plus de soin, qu'outre la perte de temps qui en résulterait, il est plus difficile de s'aligner en arrière qu'en avant;

Qu'au commandement de *fixe*, le soldat cesse tout mouvemant, quand même il ne serait pas aligné,

Afin de lui faire contracter l'habitude de juger son alignement promptement, et de s'y placer sans tâtonner;

Qu'au commandement de *telle file* ou *telles files, rentrez* ou *sortez*, celles qui n'auront pas été désignées, ne bougent,

Afin de ne pas déranger les files qui sont alignées ;

> Que, dans les alignements en arrière, le soldat dépasse un peu la ligne en reculant,

Afin de se placer sur la ligne par un petit mouvement en avant, parce que ce n'est que de cette manière qu'il peut bien juger de l'alignement.

Observation relative à la première leçon.

239. Après chaque alignement, l'instructeur examinera la position des hommes, et fera ensuite reposer le rang sur les armes, pour empêcher que les soldats ne se fatiguent et ne se négligent sur le port d'armes qui, dans les commencements surtout, doit toujours être régulier.

DEUXIÈME LEÇON.

240. Les soldats ayant appris dans la première et la deuxième partie à marcher avec aplomb au pas ordinaire, et à faire les pas égaux en longueur et en vitesse, ne seront plus exercés dans la troisième partie qu'à la marche au pas accéléré, au pas gymnastique de différentes vitesses, et à la course ; on leur fera successivement exécuter, à ces diverses allures, la marche de front, la marche

de flanc, les conversions de pied ferme et en marchant, et les demi-tours à droite.

L'instructeur les préviendra qu'ils devront toujours partir au pas accéléré, au commandement de marche, à moins qu'il ne soit précédé de celui de pas gymnastique.

241. La longueur du pas accéléré sera la même que celle du pas ordinaire, mais la vitesse sera de 110 par minute.

Marche de front.

242. Le rang étant correctement aligné, lorsque l'instructeur voudra le faire marcher en avant, il placera un homme bien dressé à la droite ou à la gauche, selon le côté où il voudra que soit le guide, et commandera :

1. *Peloton en avant.*

2. *Guide à droite* (ou *à gauche*).

3. MARCHE.

243. Au commandement de *marche*, le rang partira vivement du pied gauche ; le guide aura soin de marcher droit devant lui et de maintenir toujours ses épaules carrément.

244. L'instructeur fera observer les règles suivantes :

Tenir légèrement au coude de son voisin du côté du guide,

Parce qu'en tenant ainsi coude à coude à son voisin, on sera à peu près aligné, et qu'il ne se formera pas d'ouvertures entre les files; si, au lieu de tenir légèrement au coude de son voisin, on s'appuyait sur lui, on l'obligerait à appuyer à son tour du côté du guide, et on repousserait par là ce dernier hors de la direction.

Ne point ouvrir le coude gauche, ni le bras droit,

Afin que le soldat ne pousse pas son voisin, et n'occupe dans le rang que l'espace qu'il doit y tenir.

Céder à la pression qui vient du côté du guide, et résister à celle qui vient du côté opposé,

Pour éviter de rejeter le guide en dehors de la direction.

Ne rejoindre qu'insensiblement le coude de son voisin du côté du guide, s'il venait à s'éloigner, ou si l'on s'en était soi-même écarté,

Parce qu'il peut arriver que le voisin se jette mal à propos à droite ou à gauche. Si, dans ce cas, l'homme qui est à côté de lui, et successivement ceux qui suivent, se conformaient brusquement à ce faux mouvement , il en résulterait que la faute d'un seul homme se propagerait ; et , lorsque ensuite l'homme, où la faute aurait commencé , voudrait la réparer, il serait obligé de repousser son voisin , celui-ci l'homme suivant , et ainsi de suite ; ce qui occasionnerait un flottement continuel dans la marche. Si, au contraire, chaque homme observe le principe de ne se conformer que peu à peu aux mouvements de son voisin , ce dernier aura le temps de réparer sa faute, s'il en a fait une; son erreur ne se propagera pas, et le flottement n'aura pas lieu.

> Conserver toujours la tête directe, de quelque côté que le guide soit indiqué ,

Parce que , si les soldats tournaient la tête du côté du guide , elle entraînerait l'épaule opposée, ce qui donnerait une fausse direction au rang , causerait une pression continuelle vers le guide , et par conséquent du flottement.

> Si l'on s'aperçoit qu'on est soi-même trop en avant ou trop en arrière , ne se remettre que peu à peu sur l'alignement , en allongeant ou raccourcissant son pas d'une manière presque insensible ,

Parce que les mouvements brusques , en marchant, tendent toujours à désunir une troupe, à y causer du flottement, et font perdre la cadence ; car un homme ne saurait faire un pas de deux pieds et demi dans le même espace de temps que son voisin en fait un de deux pieds, sans que le mouvement du premier fût plus vif que celui du second ; au lieu qu'on peut allonger le pas d'un ou de deux pouces, sans qu'il en résulte une accélération sensible dans le mouvement.

245. L'instructeur s'attachera à faire comprendre aux hommes de recrue que l'alignement ne peut se conserver, en marchant, que par la régularité du pas, par le tact des coudes et qu'autant que les épaules seront maintenues carrément ; que si, par exemple, ils faisaient des pas plus grands les uns que les autres, ou s'ils marchaient les uns plus vite, les autres plus lentement, ils se désuniraient nécessairement ; que si, devant avoir la tête directe, ils n'observaient pas le tact des coudes, il leur serait impossible de juger s'ils marchent à même hauteur que leur voisin, et s'il ne se forme pas entre eux des ouvertures.

246. L'impulsion du pas accéléré disposant le soldat à s'abandonner, l'instructeur s'attachera à bien régler la cadence de ce pas, et à habituer le soldat à conserver toujours l'aplomb du corps et la régularité du pas.

247. La marche de front devant être exécutée au port d'armes, l'instructeur, afin de ne pas trop fatiguer les soldats et pour les empêcher de se négliger sur la position, fera arrêter le

rang de temps à autre, et le fera reposer sur les armes.

Marche de front au pas gymnastique.

248. L'instructeur voulant faire exécuter la marche de front au pas gymnastique, placera un homme bien exercé en avant, vis-à-vis la droite ou la gauche ; il fera ensuite les commandements suivants :

1. *Peloton en avant.*

2. *Guide à droite* (ou *à gauche.*)

3. *Pas gymnastique.*

4. MARCHE.

249. Au troisième commandement, les hommes prendront la position de descendez vos armes, et se disposeront à partir au pas gymnastique.

250. Au quatrième commandement, ils partiront vivement au pas gymnastique, en s'attachant à suivre les principes prescrits dans la première partie, et à conserver autant que possible l'alignement.

251. L'instructeur voulant arrêter le peloton, le fera par les commandements prescrits à la marche de front au pas accéléré ; les hommes se conformeront à ce qui y est pres-

crit , et reprendront la position du port d'armes.

252. L'instructeur pourra aussi faire porter l'arme sur l'une ou l'autre épaule.

TROISIÈME LEÇON.

Marche de flanc.

253. Le rang étant de pied ferme et correctement aligné, l'instructeur fera les commandements suivants :

1. *Peloton par le flanc droit* (ou *gauche*).

2. A DROITE (OU A GAUCHE).

3. *Peloton en avant.*

4. MARCHE.

254. Au second commandement, le rang fera à droite ou à gauche.

255. Au commandement de *marche*, il partira vivement du pied gauche au pas accéléré.

256. L'instructeur placera un homme bien dressé à côté du soldat qui est en tête du rang, pour régler son pas, et le conduire , et il sera recommandé à ce soldat de marcher toujours coude à coude avec l'homme qui doit le diriger.

257. L'instructeur fera observer dans la marche de flanc les règles suivantes :

Que le pas s'exécute d'après les principes prescrits,

Parce que ces principes, sans lesquels les hommes placés à côté les uns des autres sur un même rang ne sauraient conserver de l'ensemble en marchant, sont encore plus indispensables à observer lorsqu'on marche en file ;

Qu'à chaque pas, le pied de l'homme qui précède soit remplacé par celui de l'homme qui le suit,

Afin que les files ne puissent pas s'ouvrir ;

Que le soldat ne ploie pas les genoux, pour éviter de marcher sur les talons de l'homme qui le précède,

Parce que, s'il ployait les genoux, la cadence du pas et la distance entre les files se perdraient ;

Que la tête de l'homme qui précède immédiatement chaque soldat lui cache celles de tous ceux qui sont devant lui,

Parce que c'est la règle la plus sûre qu'on puisse donner pour se maintenir exactement derrière son chef de file.

258. L'instructeur se placera habituellement à cinq ou six pas sur le flanc des

hommes qu'il instruit, pour veiller à l'observation des principes prescrits ci-dessus ; il se portera aussi quelquefois derrière le rang, s'arrêtera et lui laissera parcourir quinze ou vingt pas, afin d'observer si les hommes se maintiennent exactement derrière leurs chefs de file.

259. Lorsque l'instructeur voudra arrêter le rang marchant par le flanc et le remettre face en tête, il commandera :

1. *Peloton.*

2. HALTE.

3. FRONT.

260. Au second commandement, le rang s'arrêtera, et aucun homme ne bougera plus, quand même il aurait perdu sa distance ; cette attention est nécessaire pour habituer les soldats à conserver toujours leurs distances.

261. Au troisième commandement, chaque homme se remettra face en tête par un à-gauche, si l'on a marché par le flanc droit, et par un à-droite, si l'on a marché par le flanc gauche.

262. Lorsque les hommes auront acquis l'habitude de la marche de flanc, l'instructeur les exercera à changer de direction par file ; à cet effet il commandera :

1. *Par file à gauche* (ou *à droite*).

2. MARCHE.

263. Au second commandement, le premier homme du rang changera de direction à gauche ou à droite, et marchera ensuite droit devant lui ; chaque homme viendra successivement changer de direction à la même place que le premier.

264. L'instructeur fera aussi exécuter les à-droite et les à-gauche en marchant ; à cet effet, il commandera :

1. *Peloton, par le flanc gauche* (ou *droit*).

2. MARCHE.

265. Au second commandement, qui sera fait un peu avant que l'un ou l'autre pied indifféremment soit près de poser à terre, les soldats tourneront le corps, poseront le pied qui est levé dans la nouvelle direction, et partiront de l'autre pied sans altérer la cadence du pas.

266. Les mouvements qui précèdent devront être faits au port d'armes ; mais lorsque l'instructeur voudra reposer les soldats, il leur fera porter l'arme au bras, et il exigera qu'eux que, dans cette position, ils marchent

6

avec autant de régularité qu'au port d'armes.

Marche de flanc au pas gymnastique.

267. Le peloton formé sur deux rangs étant correctement aligné, l'instructeur voulant lui faire marcher le pas gymnastique par le flanc, fera les commandements suivants :

1. *Peloton par le flanc droit (ou gauche).*

2. *A droite (ou à gauche).*

3. *Pas gymnastique.*

4. MARCHE.

268. Au second commandement, le peloton exécutera un à-droite ou un à-gauche.

269. Au troisième commandement, l'homme du premier rang de chaque file impaire ne bouge pas, tandis que celui du deuxième rang de la même file se porte (0^m 68 à 0^m 73) à 18 ou 20 pouces à droite ; l'homme du premier rang de la file paire vient s'intercaler entre les deux hommes de la file impaire, et celui du second rang de la file paire se placera à la droite de celui du second rang de la file impaire.

270. Toutes les autres files du peloton agiront ainsi, suivant qu'elles seront paires et

impaires, de manière qu'après le mouvement exécuté, le peloton se trouvera sur quatre de front, les files seront séparées par un espace double.

271. Au quatrième commandement, le soldat se disposera à partir au pas gymnastique, et prendra la position de descendez vos armes, qui sera le port habituel de l'arme dans la marche de flanc, au pas gymnastique.

272. Au cinquième commandement, le peloton partira du pied gauche au pas gymnastique, en se conformant aux règles fixées dans la première partie pour ce pas. Les files resteront alignées, et conserveront leur intervalle.

273. L'instructeur placera un homme bien exercé à côté du soldat qui est en tête du rang, pour régler son pas et le conduire, et il sera recommandé à ce soldat de marcher toujours à hauteur de l'homme qui doit le diriger.

274. L'instructeur se placera habituellement à cinq ou six pas sur le flanc du peloton, pour veiller à l'observation des principes prescrits. Il pourra faire porter les armes sur l'une ou l'autre épaule. Il apportera la plus grande attention à la cadence du pas, et amènera successivement le soldat à parcourir sans fatigue de longues distances, et sans que le désordre se mette dans les rangs.

275. Lorsque l'instructeur voudra arrêter le peloton marchant par le flanc au pas gymnastique et le remettre face en tête, il commandera :

1. *Peloton.*

2. HALTE.

3. FRONT.

276. Au second commandement, le peloton s'arrêtera et aucun homme ne bougera plus.

277. Au troisième commandement, chaque homme fera un à-gauche, et se placera à sa place de bataille, les files paires à la gauche des files impaires, le second rang à sa distance du premier.

278. Dans la marche par le flanc gauche, les files impaires se placeront à la gauche des files paires, et le second rang se portera à (0^m 68 ou 0^m 73) sur la gauche.

QUATRIÈME LEÇON.

CONVERSIONS.

Principes généraux des conversions.

279. Les conversions sont de deux espèces :

les conversions de pied ferme, et les conversions en marchant.

280. Les conversions de pied ferme ont lieu pour faire passer une troupe de l'ordre en bataille à l'ordre en colonne, ou de l'ordre en colonne à l'ordre en bataille.

281. Les conversions en marchant ont lieu dans les changements de direction en colonne, toutes les fois que ce changement s'exécute du côté opposé au guide.

282. Dans les conversions de pied ferme, l'homme qui est au pivot de la conversion ne fait que tourner sur place, sans avancer ni reculer.

283. Dans les conversions en marchant, l'homme qui est au pivot fait le pas de vingt-deux centimètres (huit pouces), afin de dégager le point de la conversion ; ce qui est nécessaire pour que les subdivisions d'une colonne puissent changer de direction sans perdre leurs distances, ainsi qu'il sera expliqué à l'école de peloton.

284. Dans l'un et l'autre cas, l'homme qui est à l'aile marchante doit toujours faire le pas de deux pieds.

Conversion de pied ferme.

285. Le rang étant de pied ferme, l'instructeur placera un homme bien dressé à l'aile

6.

qui devra marcher, pour la conduire, et commandera :

1. *Par peloton à droite.*

2. MARCHE.

286. Au second commandement, les soldats partiront du pied gauche au pas accéléré, et tourneront en même temps la tête un peu à gauche, les yeux fixés sur la ligne des yeux des hommes qui sont à leur gauche : l'homme qui est au pivot ne fera que marquer le pas, en se conformant au mouvement de l'aile marchante; l'homme qui conduit cette aile marchera le pas de deux pieds, avancera un peu l'épaule gauche dès le premier pas, jettera de temps en temps les yeux sur le rang, et sentira toujours le coude de l'homme qui est à côté de lui, mais légèrement et sans jamais le pousser.

287. Les autres soldats sentiront légèrement le coude de leur voisin du côté du pivot, résisteront à la pression qui vient du côté opposé, et se conformeront au mouvement de l'aile marchante, en faisant le pas d'autant plus petit qu'ils seront plus près du pivot.

288. L'instructeur fera parcourir une ou deux fois le tour du cercle avant d'arrêter le rang, afin de faire mieux sentir les principes; il veillera avec soin à ce que le centre ne crève pas.

289. Il fera converser à gauche d'après les mêmes principes.

290. Lorsque l'instructeur voudra arrêter la conversion, il fera les commandements suivants :

1. *Peloton.*

2. **HALTE.**

291. Au commandement de *halte*, le rang s'arrêtera, et aucun homme ne bougera plus. L'instructeur, se portant à l'aile opposée au pivot, placera les deux premiers hommes de cette aile dans la direction qu'il voudra donner au rang, ayant soin de ne laisser, entre eux et le pivot, que l'espace nécessaire pour y encadrer tous les autres; il commandera ensuite :

3. *A gauche* (ou *à droite*) = ALIGNEMENT.

292. A ce commandement, le rang se placera sur l'alignement des deux hommes qui doivent servir de base, en se conformant aux principes prescrits.

293. L'instructeur commandera ensuite FIXE, ce qui sera exécuté comme il a été prescrit au n° 230.

Observations relatives aux principes des conversions de pied ferme.

294. Tourner un peu la tête du côté de l'aile marchante, et fixer les yeux sur la ligne des yeux des hommes qui sont de ce côté,

Parce que, sans cette attention, il serait impossible au soldat de régler la longueur de son pas de manière à se conformer au mouvement de l'aile marchante.

Tenir légèrement au coude de son voisin du côté du pivot,

Afin que les files ne s'ouvrent pas en conversant.

Résister à la pression qui vient du côté de l'aile marchante,

Parce que, si l'on négligeait ce principe, le pivot, qui doit être un point fixe dans les conversions de pied ferme, pourrait être rejeté hors de sa place par la pression.

Conversion en marchant.

295. Lorsque les hommes de recrue exécuteront bien les conversions de pied ferme, on les exercera à converser en marchant.

296. A cet effet, le rang étant en marche, lorsque l'instructeur voudra lui faire changer

de direction du côté opposé au guide, il fera les commandements suivants :

1. *A droite* (ou *à gauche*) *conversion.*

2. MARCHE.

297. Le premier commandement sera fait lorsque le rang sera à quatre pas du point de conversion.

298. Au second commandement, la conversion s'exécutera de la même manière que de pied ferme, excepté que le tact des coudes restera du côté du guide, au lieu de se prendre du côté du pivot ; que l'homme qui est au pivot, au lieu de tourner sur place, se conformera au mouvement de l'aile marchante, sentira légèrement le coude de son voisin, fera le pas de vingt-deux centimètres (huit pouces), èt gagnera ainsi du terrain en avant, en décrivant une petite courbe de manière à dégager le point de la conversion ; le milieu du rang cintrera un peu en arrière. Aussitôt que le mouvement commencera, l'homme qui conduite l'aile marchante jettera les yeux sur le terrain qu'il doit parcourir.

299. La conversion étant achevée, l'instructeur commandera :

1. *En avant.*

2. MARCHE.

300. Le premier commandement sera prononcé lorsqu'il restera quatre pas à faire pour que la conversion soit achevée.

301. Au commandement de *marche*, qui sera fait à l'instant où la conversion sera achevée, l'homme qui conduit l'aile marchante, se dirigera droit en avant; l'homme qui est au pivot et tout le rang reprendront le pas de deux pieds et replaceront la tête directe.

302. Dans les conversions exécutées au pas gymnastique, l'homme qui est au pivot fera le pas de 50 centimètres (1 pied et demi), afin de bien dégager le point de conversion.

303. Le mouvement s'exécutera du reste comme dans les conversions au pas accéléré, et d'après les mêmes principes.

Changer de direction du côté du guide.

304. Les changements de direction du côté du guide s'exécuteront ainsi qu'il suit ; l'instructeur commandera :

1. *Tournez à gauche* (ou *à droite*).

2. MARCHE.

305. Le premier commandement sera fait lorsque le rang sera à quatre pas du point où il doit changer de direction.

306. Au commandement de *marche*, qui sera prononcé à l'instant où le rang devra tourner, le guide fera à-gauche ou à-droite en marchant, et se prolongera dans la nouvelle direction, sans ralentir ni accélérer la cadence, sans allonger ni raccourcir la mesure du pas. Tout le rang se conformera promptement, mais sans courir, à la nouvelle direction; à cet effet, chaque homme avancera l'épaule opposée au guide, prendra le pas accéléré pour se porter dans la nouvelle direction, tournera la tête et les yeux du côté du guide et joindra le coude de son voisin du même côté, en se plaçant sur l'alignement du guide, dont il prendra le pas; il replacera ensuite la tête et les yeux dans la position directe. Chaque homme arrivera ainsi successivement sur l'alignement du guide.

307. Ce mouvement s'exécutera au pas gymnastique comme au pas accéléré. Les hommes accéléreront l'allure en allongeant le pas pour se porter en ligne.

Observations relatives à la quatrième leçon.

308. L'instructeur, afin de ne pas fatiguer les soldats et de ne pas diviser leur attention, leur fera exécuter sans armes les divers mouvements dont cette leçon se compose, jusqu'à ce qu'ils en connaissent bien le mécanisme.

CINQUIÈME LEÇON.

309. Faire exécuter le demi-tour à droite en marchant.

310. Le peloton étant en marche, de front, au pas accéléré ou gymnastique, l'instructeur voulant le faire marcher face en arrière, lui fera exécuter le demi-tour à droite ; à cet effet il commandera :

1. *Demi-tour à droite.*

2. MARCHE.

311. Au deuxième commandement qui sera fait à l'instant où le pied gauche arrive près de terre, le soldat posera le pied à terre, fera face en arrière en tournant sur le talon gauche, rapportera le pied droit à côté du gauche, les talons sur la même ligne, et repartira du pied gauche. Le soldat sera au port d'armes, ou à la position de descendez vos armes, dans l'une ou l'autre main.

Sauts en largeur et en hauteur, longues marches au pas gymnastique, courses.

312. L'instructeur fera reprendre les exercices gymnastiques avec l'arme et le sac.

Les sauts en hauteur et en largeur ne seront pas exécutés avec le sac.

313. Il fera exécuter de longues marches au pas gymnastique, tant de front que de flanc, de manière à amener les hommes à parcourir l'espace de deux lieues en 40 ou 50 minutes, tantôt à la position de descendez les armes, tantôt l'arme sur l'une ou l'autre épaule.

314. Il les exercera aussi aux longues marches, à la course, l'arme à volonté, sans exiger un ensemble impossible à obtenir, mais en recommandant aux soldats de ne pas trop se désunir. — Les marches à la course ne se feront que dans les cas où il est indispensable d'arriver avec une grande promptitude.

Former les faisceaux.

315. Les hommes étant reposés sur les armes, l'instructeur commandera :

Formez les faisceaux.

316. A ce commandement, l'homme du premier rang de chaque file paire passera son arme devant lui, la saisissant avec la main gauche au-dessus de la grenadière, et la placera la crosse en avant, et près la pointe du pied droit de l'homme qui est à sa gauche, le canon tourné en avant; l'homme du premier rang de chaque file impaire passera son arme

à l'homme qui est à sa gauche, qui la saisira au-dessus de la grenadière, et la portera à 0,810 m. (30 pouces) en avant, vis-à-vis son épaule droite, inclinant vers soi le fusil, et croisera les baïonnettes des deux armes. L'homme du second rang de la file paire penchera son arme en avant, et introduira la baïonnette, en s'aidant de la main gauche, entre et sous les branches des baïonnettes des deux autres armes. Il l'abandonnera alors à l'homme du premier rang de la file paire, qui la saisira avec la main droite au-dessous de la grenadière, la passera en avant du rang en soulevant son arme et le faisceau avec la main gauche, et placera la crosse contre celle de l'arme qui est à sa droite. Le faisceau formé, l'homme du second rang de la file impaire passera son arme dans la main gauche, le canon en avant, et la placera sur le faisceau en l'inclinant.

317. Les hommes des deux rangs ayant pris la position du soldat sans arme, l'instructeur commandera :

1. *Rompez vos rangs.*

2. MARCHE.

Rompre les faisceaux.

318. Les deux rangs s'étant reformés en arrière de leurs faisceaux, l'instructeur commandera :

Rompez = LES FAISCEAUX.

319. A ce commandement, l'homme du second rang de chaque file impaire retirera son arme du faisceau; celui du premier rang de la file paire saisira la sienne avec la main gauche, et celle de l'homme du premier rang de la file impaire, avec la main droite; l'homme du second rang de la file paire saisira son arme de la main droite à la grenadière: ces deux hommes soulèveront le faisceau pour le rompre; l'homme du premier rang de la file impaire reprendra son arme de la main de son voisin de gauche, et les quatre hommes prendront la position du soldat reposé sur l'arme.

Escrime à la baïonnette.

320. L'escrime à la baïonnette est un exercice gymnastique qui fait nécessairement partie de l'instruction à donner aux chasseurs à pied. A cet effet, ils seront placés sur un rang, à quatre pas d'intervalle les uns des autres, afin qu'ils ne puissent se rencontrer dans les voltes (1).

(1) Les règles prescrites ont été rédigées dans l'esprit et d'après les bases d'un manuel approuvé par le ministre de la guerre.

321. Le soldat étant placé au port d'armes, l'instructeur commandera :

1. *Garde contre l'infanterie.*

2. *Assurez* ⸗ GARDE.

UN TEMPS ET DEUX MOUVEMENTS.

Premier mouvement.

322. Faire un demi-à-droite en tournant sur les deux talons, les pieds en équerre.

Deuxième mouvement.

323. Se fendre perpendiculairement, en arrière de la partie droite, à 18 pouces (0,49 m.), le talon droit sur le prolongement du gauche, les jarrets un peu ployés, le poids du corps portant également sur les deux jambes. Laisser tomber l'arme dans la main gauche qui la saisit à la capucine, le canon en dessus; empoigner en même temps l'arme au-dessous de la sous-garde avec la main droite, les bras pendant naturellement, la baïonnette légèrement élevée.

Portez ⸗ VOS ARMES.

324. Redresser l'arme avec la main gauche, la placer contre l'épaule droite, et rapporter

en même temps le talon droit sur l'alignement du gauche.

Garde contre la cavalerie:

UN TEMPS ET DEUX MOUVEMENTS.

325. Premier et deuxième temps comme la garde de l'infanterie, à l'exception que la main droite sera fixée à la hanche, et la baïonnette à hauteur de l'œil, comme dans le mouvement de croisez la baïonnette.

326. Les hommes placés dans l'une des deux positions indiquées ci-dessus, exécuteront les mouvements suivants :

1. *Face à droite* (ou *à gauche*).

2. A DROITE (OU A GAUCHE).

327. Tourner sur le talon gauche, en élevant la pointe du pied (faire face à droite ou à gauche); porter en même temps le pied droit en arrière à 18 pouces (0,49 m.) du gauche.

1. *Demi-tour à droite.*

2. A DROITE.

328. Au deuxième commandement, tourner à droite sur le talon gauche, en élevant un

peu la pointe du pied; faire face en arrière, sans déranger la position de l'arme, et rapporter le pied droit en arrière, et à (0,49 m.) dix-huit pouces du gauche.

1. *Demi-tour à gauche.*

2. A GAUCHE.

329. Tourner à gauche sur le talon gauche, à l'inverse de ce qui est prescrit ci-dessus.

1. *Un pas en avant.*

2. MARCHE.

330. Marcher du pied gauche (0,49 m.) dix-huit pouces en avant. Faire suivre en même temps le droit à sa distance.

1. *Un pas en arrière.*

2. MARCHE.

331. Rompre du pied droit (0,49 m.) dix-huit pouces en arrière ; ramener en même temps le pied gauche à dix-huit pouces du droit.

1. *Un pas à droite.*

2. MARCHE.

332. Jeter le pied droit à (0,49 m.) dix-huit pouces à droite dans la même direction; porter en même temps le pied gauche devant, à sa distance et à sa position.

1. *Un pas à gauche.*

2. MARCHE.

333. Jeter le pied gauche à (0,49 m.) dix-huit pouces à gauche; ramener en même temps le pied droit à sa distance et à sa position.

1. *Double-passe en avant.*

2. MARCHE.

334. Jeter le pied droit à (0,49 m.) dix-huit pouces en avant du gauche; rapporter vivement le pied gauche à dix-huit pouces en avant; et conserver sa garde.

1. *Double-passe en arrière.*

2. MARCHE.

335. Jeter le pied gauche à (0,33 m.) un pied en arrière du droit; rapporter vivement le pied à (0,49 m.) dix-huit pouces en arrière du gauche, en conservant sa garde.

1. *Volte-face à droite.*

2. MARCHE.

336. Rapprocher l'arme du corps avec la main gauche, le canon vis-à-vis l'épaule gauche, sans déranger la main droite. Tourner à droite sur la pointe du pied droit, jeter le pied gauche perpendiculairement en arrière à (0,49 m.) dix-huit pouces, achever la volte sur la pointe du pied gauche, et rapporter le pied droit en arrière et à sa distance; se mettre en même temps en garde.

1. *Volte-face à gauche.*

2. MARCHE.

337. Tourner à gauche sur la pointe du pied droit, porter le pied gauche perpendiculairement en arrière, à (0,49 m.) dix-huit pouces, et achever la volte à l'inverse de ce qui est prescrit ci-dessus.

338. Quand les tirailleurs, affermis dans les diverses positions, exécutent avec précision et légèreté les divers pas et les voltes, on leur apprend à se servir du jeu de leur arme pour l'attaque et la défense.

1. *En quarte parez.*

2. ARME.

339. Au deuxième commandement élever le bout du canon d'un pied avec la main gauche, sans déranger la droite; faire en même temps une opposition de fer à gauche d'environ 6 pouces, et rester dans cette position.

1. *Reprenez.*

2. GARDE.

340. Baisser vivement la main gauche sans déranger la droite, et ramener l'arme à la position de la garde.

341. Chaque fois que l'instructeur fera exécuter les parades et les pointés, il fera toujours reprendre la garde, à la fin de chaque mouvement, par le commandement de *reprenez* GARDE.

1. *En tierce parez.*

2. ARME.

342. Élever vivement l'arme d'un pied avec la main gauche, sans déranger la droite; faire en même temps une opposition de fer, de six pouces à droite.

1. *En prime parez.*

2. ARME.

343. Élever l'arme des deux mains, les

bras allongés de toute leur longueur, l'arme couvrant la tête, la platine tournée vers le corps, la baïonnette menaçante, quoique légèrement inclinée à gauche, la capucine à hauteur de la cocarde.

> 1. *En prime à droite (ou à gauche) parez.*
>
> 2. ARME.

344. Avancer l'épaule gauche ou l'épaule droite, et parer prime à droite ou à gauche.

> 1. *En quarte pointez.*
>
> 2. ARME.

345. Au deuxième commandement, porter le poids du corps en avant, ployer le jarret gauche et tendre le droit; allonger le bras gauche de toute sa longueur, les doigts de la main gauche ouverts et soutenant l'arme, la crosse devant le teton gauche, la platine en dessous; et rester dans cette position jusqu'au commandement de *reprenez* GABDE.

> 1. *En tierce pointez.*
>
> 2. ARME.

346. Porter le haut du corps en avant, tendre le jarret droit et ployer le gauche, allonger le bras gauche de toute sa longueur, les doigts de la main gauche ouverts et soutenant l'arme, tourner la platine en dessus, la crosse devant le teton droit.

1. *En prime pointez.*

2. ARME.

347. Élever l'arme des deux mains les bras allongés, la sous-garde en dessus, le canon entre les doigts de la main gauche ; ployer le jarret gauche et tendre le droit, lancer en même l'arme à son adversaire, en pointant à la hauteur d'un homme à cheval.

1. *En prime à droite* (ou *à gauche*) *pointez.*

2. ARME.

348. Avancer l'épaule gauche ou l'épaule droite, et pointer à droite où à gauche.

1. *Coup lancé.*

2. *Lancez* ═ ARME.

349. Au deuxième commandement, jeter le haut du corps en avant, en ployant sur le jar-

ret gauche et tendant le droit, lancer rapidement l'arme à son adversaire de toute la longueur du bras droit, l'abandonner de la main gauche en pointant, et reprendre la garde.

350. Chaque fois que les chasseurs sont en garde contre l'infanterie, ils pointent à hauteur de la poitrine; en garde contre la cavalerie, ils dirigent leur coup à hauteur de la tête du cheval, ou vers les flancs du cavalier.

351. Quand les chasseurs connaîtront parfaitement les divers pas, les parades et les pointés, on les leur fera réunir et exécuter au commandement de *marche*.

Exemple :

> 1. *Double-passe en avant, en prime parez et pointez.*
>
> 2. MARCHE.

352. Au deuxième commandement, le soldat exécutera la double-passe, parera et pointera prime.

353. Comme on doit supposer le cas où un chasseur ait à se défendre à la fois contre deux ou trois ennemis, on fera exécuter des doubles mouvements et des doubles pointés, ce qui ajoutera considérablement à l'adresse et à l'agilité du soldat.

Exemple :

> 1. *Un pas en avant, coup lancé.*
>
> 2. *Volte-face à gauche, en quarte parez et pointez.*
>
> 3. MARCHE.

354. Au troisième commandement, marcher en avant, lancer le coup, exécuter la volte-face, parer et pointer quarte.

TITRE III.

ÉCOLE DE PELOTON.

RÈGLES GÉNÉRALES ET DIVISION DE L'ÉCOLE DE PELOTON.

Les règles générales de l'école de peloton comme aux numéros 1 et suivants.

Division.

La division est la même, sauf les exceptions suivantes :

DEUXIÈME LEÇON.

1. Charge en quatre temps et à volonté.
2. Feu de peloton.
3. Feu de deux rangs.
4. Feu par rangs.
5. Feu par le deuxième rang.

CINQUIÈME LEÇON.

1. Rompre en colonne par section, de pied ferme et en marchant.
2. Marche en colonne.
3. Changer de direction.

4. Arrêter la colonne.

5. Étant en colonne par section, la former à droite où à gauche en bataille en marchant.

———

PREMIÈRE LEÇON.

ARTICLE PREMIER.

Ouvrir les rangs.

Le peloton étant reposé sur les armes et aligné, ainsi que les serre-files, lorsque l'instructeur voudra faire ouvrir les rangs, il fera placer le serre-file le plus près de la gauche à la gauche du premier rang ; ce qui étant exécuté, il commandera :

1. *Garde à vous.*

2. *Peloton.*

3. *Portez* = VOS ARMES.

4. *En arrière, ouvrez vos rangs.*

Au quatrième commandement, le sous-officier de remplacement et le serre-file placé à la gauche du premier rang, se porteront légèrement en arrière, à quatre pas du premier rang, pour tracer l'alignement où devra se placer le second rang.

L'instructeur se portera sur le flanc droit,
et vérifiera si les deux sous-officiers sont placés parallèlement au premier rang ; il rectifiera promptement, s'il est nécessaire, leur position, et commandera ensuite :

5. MARCHE.

A ce commandement, le premier rang du
peloton ne bougera pas. Le second rang marchera en arrière au pas accéléré, sans compter les pas et l'alignement du sous-officier de
remplacement et du guide de gauche, en se
conformant à ce qui a été prescrit à l'école
du soldat.

Le sous-officier de remplacement alignera
le deuxième rang sur le serre-file qui ferme
la gauche de ce rang.

Les serre-files marcheront en arrière en
même temps que le second rang, et se placeront à deux pas de ce rang lorsqu'il aura
été aligné.

Le sous-officier de remplacement ayant
aligné le deuxième rang, l'instructeur commandera : *Fixe*.

A ce commandement, le serre-file placé à
la gauche du deuxième rang reprendra sa
place de bataille au premier rang.

L'instructeur voyant les rangs alignés, le
chef de peloton examinera la position et le
port d'armes des hommes du premier rang;

le sous-officier de remplacement examinera le second rang.

ARTICLE II.

Alignements à rangs ouverts.

Comme aux numéros 21 et suivants; excepté que le chef de peloton dirigera l'alignement du premier rang, et le sous-officier de remplacement celui du second, et qu'il faut appliquer au second rang tout ce qui est prescrit pour le troisième.

———

DEUXIÈME LEÇON.

ARTICLE PREMIER.

Charge en quatre temps à volonté.

Ces charges seront exécutées comme il a été prescrit à l'école du soldat.

ARTICLE II.

Feu de peloton.

L'instructeur commandera :

1. *Feu de peloton.*

2. *Commencez le feu.*

Le chef de peloton se portera à la place indiquée n° 53, et, au deuxième commandement, il commandera : 1. *Peloton.* 2. ARMES. 3. JOUE.

Au commandement de joue, les hommes coucheront en joue, ajusteront tranquillement et feront feu individuellement à volonté, sans se régler sur leurs voisins ; et après avoir tiré, ils chargeront leurs armes et reviendront aussitôt à la position de *apprêtez les armes.*

Le chef de peloton fera recommencer le feu par le commandement de : 1. *Peloton.* 2. JOUE. Le feu continuera ainsi jusqu'au roulement.

ARTICLE III.

Feu de deux rangs.

Comme dans l'ordonnance.

ARTICLE IV.

Feu par rangs.

L'instructeur voulant faire exécuter le feu par rang, commandera :

1. *Feu par rangs.*

2. *Peloton* $=$ ARMES.

3. *Second rang* $=$ JOUE.

Au premier commandement, le chef de peloton et le sous-officier de remplacement prendront les places qui leur ont été indiquées pour tous les feux.

Au dernier commandement, le second mettra en joue et fera feu à volonté; les hommes rechargeront leurs armes et reviendront de suite à la position de *apprêtez vos armes*.

Quand le chef de peloton verra quelques armes apprêtées dans le deuxième rang, il commandera : 1. *Premier rang* $=$ JOUE. Le feu continuera ainsi alternativement par le second et le premier rang, jusqu'au commandement de roulement.

Le chef de peloton fera quelquefois tirer obliquement à droite et à gauche.

ARTICLE V.

Feu par le second rang.

Comme aux numéros 66 et suivants. L'instructeur fera exécuter le feu par rang, en observant que le premier rang, devenu deuxième, doit tirer le premier.

TROISIÈME LEÇON.

ARTICLE PREMIER.

Marche en bataille en avant.

Les principes de la marche en bataille en avant seront les mêmes ; au commandement de MARCHE , le peloton partira au pas accéléré. L'instructeur voulant faire marcher au pas gymnastique, commandera :

1. *Peloton en avant.*

2. *Pas gymnastique.*

3. MARCHE.

Au commandement de MARCHE, les hommes partiront au pas gymnastique.

Le second rang prendra en marchant 0,66^{m.} (deux pieds) d'intervalle ; cette distance sera mesurée du havre-sac des hommes du premier rang à la poitrine des hommes du deuxième.

Il est admis en principe que chaque fois que le commandement de *pas gymnastique* sera fait, les hommes au commandement de MARCHE, descendront les armes.

Ils reprendront également toujours d'eux-mêmes la position du port d'armes au commandement de *halte.*

ARTICLE II.

*Arrêter le peloton marchant en bataille
et l'aligner.*

Comme dans l'ordonnance.

Si le peloton marche au pas gymnastique,
au commandement de *halte*, les soldats porteront les armes, et le second rang serrera
à sa distance du premier.

ARTICLE III.

Le peloton étant en marche directe au pas
accéléré, ou gymnastique, si l'instructeur veut
lui faire gagner du terrain à droite ou à
gauche, il commandera :

1. *Oblique à droite* (ou *à gauche*).

2. MARCHE.

Au second commandement, les hommes feront un *demi-à-droite,* ou un *demi-à-gauche,* et
continueront à marcher droit devant eux, et
en maintenant parfaitement la nouvelle direction oblique de leurs épaules.

L'instructeur voulant reprendre la première direction, commandera : 1. *En avant* =
2. MARCHE.

Au commandement de MARCHE les soldats reviendront carrément en faisant de nouveau un *demi-à-gauche* ou *à-droite*.

ARTICLE IV.

Marquez le pas, marchez le pas en arrière.

On marquera le pas au pas accéléré, d'après les principes et commandements de l'ordonnance. Si le peloton marche au pas gymnastique, l'instructeur fera le même commandement; les hommes exécuteront le *pas gymnastique sur place.*

Le pas en arrière se fera au pas accéléré.

ARTICLE V.

Marcher en bataille en retraite.

Comme aux numéros 117 et suivants.

Si le peloton est en marche au pas gymnastique par le premier rang, l'instructeur lui fera faire *demi-tour à droite* en marchant; il commandera :

1. *Demi-tour à droite.*

2. MARCHE.

Au second commandement, le peloton fera

vivement face en arrière, et il repartira au pas gymnastique en marchant par le second rang.

QUATRIÈME LEÇON.

ARTICLE PREMIER.

Marcher par le flanc.

Le peloton étant en bataille de pied ferme, lorsque l'instructeur voudra le faire marcher par le flanc droit, il commandera :

1. *Peloton par le flanc droit.*

2. A DROITE.

3. *Peloton en avant.*

4. MARCHE.

Au deuxième commandement, le peloton fera à droite en doublant les files de la manière suivante : le numéro 1 du premier rang fera à droite sans bouger de place ; le numéro 1 du second rang fera à droite et se portera à un pas à la droite de son chef de file et sur le même alignement ; le numéro 2 du premier rang fera à droite et viendra s'intercaler entre les deux numéros 1 et le numéro 2 du second rang. Il en sera de même de toutes les files du peloton; les files impaires serviront de base au mouvement, de manière que le peloton ayant fait à droite, se trouve sur quatre rangs.

Les autres principes de la marche sont les mêmes que ceux de la marche de flanc sur deux rangs.

Si le peloton marche par le flanc gauche, les files se doubleront sur les files paires; les files impaires viendront se placer entre elles et sur leur alignement.

Le peloton marchera de même au pas gymnastique; l'instructeur fera précéder le commandement de MARCHE par celui de *pas gymnastique.*

ARTICLE II.

Changer de direction par file.

Comme aux numéros 132 et suivants. Les files étant de quatre hommes devront rester bien alignées pendant les conversions qu'elles viendront faire successivement au point de changement de direction.

ARTICLE III.

*Arrêter le peloton marchant par le flanc,
et le remettre face en tête.*

Comme aux numéros 135 et suivants. Les files se dédoubleront au commandement de front.

ARTICLE IV.

Le peloton étant en marche par le flanc, le former sur la droite (ou sur la gauche) par file en bataille.

Comme aux numéros 138 et suivants, avec la différence ci-après : les files resteront doublées jusqu'à l'instant où elles arriveront à un pas de la ligne de bataille; à cet instant le numéro 1 et le numéro 2 du premier rang, qui auront continué à marcher coude à coude, se sépareront; le numéro 2 laissera passer le numéro 1, et se placera de suite à sa gauche. Il en sera de même pour toutes les autres files du peloton.

Ce mouvement se fera également au pas accéléré et au pas gymnastique : dans le dernier cas, les soldats porteront les armes en arrivant sur la ligne.

ARTICLE V.

Le peloton étant en marche par le flanc, le former par peloton ou par section en ligne, et lui faire exécuter les à-droite et les à-gauche en marchant.

Le peloton étant en marche par le flanc, au pas accéléré ou gymnastique, l'instructeur fera former le peloton en ligne par peloton ou par section par les moyens et commandements indiqués numéros 143 et suivants ; seulement, les files dédoubleront en marchant pour se porter en ligne.

Lorsque l'instructeur fera passer le peloton en marche de la marche de front à celle de flanc, et réciproquement, les files doubleront et dédoubleront toujours au commandement de *marche*, pour se mettre par le flanc et pour revenir face en tête, ou pour marcher par le deuxième rang.

Il est fixé en principe que la marche de flanc se fera toujours par files doublées, et que les files se dédoubleront toujours en marchant de front ou en revenant face en tête.

CINQUIÈME LEÇON.

ARTICLE PREMIER.

*Rompre en colonne par section, de pied ferme
et en marchant.*

Ce mouvement se fera de pied ferme au pas
accéléré ou au pas gymnastique par les commandements et moyens indiqués aux numéros 160 et suivants.

Mais le peloton étant en bataille et de
pied ferme, si l'instructeur veut le mettre en
marche immédiatement et sans l'arrêter, il
commandera :

 1. *Sections à droite.*

 2. MARCHE (ou *pas gymnastique*) =
  MARCHE.

Au premier commandement, les chefs de
section se porteront rapidement à deux pas
devant le centre des sections ; ils y resteront
pendant toute la durée du mouvement de
conversion.

Au deuxième commandement, les sections
partiront au pas indiqué ; elles converseront
à droite ; et quand elles seront arrivées à la

perpendiculaire à la ligne de bataille, l'instructeur commandera :

1. *En avant,*

2. MARCHE.

3. *Guide à gauche.*

Au premier commandement, les sections prendront la marche directe ; au deuxième, le tact des coudes et l'alignement se prendront à gauche. Le guide de la tête se dirigera sur le point que lui indiquera de suite l'instructeur.

Si le peloton marche en bataille au pas gymnastique ou accéléré, l'instructeur le fera rompre par section à droite par les mêmes commandements et les mêmes moyens. Au commandement de *marche*, l'homme de droite de chaque section s'arrêtera court et les sections converseront ; le guide de droite du peloton passant par-devant le premier rang se portera rapidement à l'aile gauche de la première section, le guide de gauche, à la gauche de la deuxième.

On rompra à gauche d'après les mêmes principes et les moyens inverses.

ARTICLE II.

Marcher en colonne.

Comme aux numéros 175 et suivants.

ARTICLE III.

Changer de direction.

Tous les changements de dilation pour la marche d'une colonne se feront du côté opposé au guide.

Chaque fois que la colonne devra changer de direction, l'instructeur mettra le guide du côté opposé, s'il n'y est déjà.

Si la colonne a la gauche en tête et le guide à droite, et que l'instructeur veuille faire changer de direction à droite, il commandera : *Guide à gauche.* Les deux guides, passant rapidement devant le front des sections, iront se placer à la gauche; la conversion achevée, l'instructeur fera reprendre le guide à droite.

Les autres principes de l'ordonnance seront suivis pour les changements de direction en colonne.

Dans les changements de direction au pas gymnastique, l'homme qui est au pivot fera le pas de 0,49 m. (un pied et demi).

ARTICLE IV.

Arrêter la colonne.

Comme aux numéros 210 et suivants.

8.

ARTICLE V.

*Étant en colonne par section , se former à droite
ou à gauche en bataille, de pied ferme et en
marchant.*

La colonne ayant la droite en tête se formera en bataille, de pied ferme, au pas accéléré ou gymnastique, par les mêmes moyens
et commandements que ceux prescrits dans
l'ordonnance.

Si la colonne est en marche au pas gymnastique ou accéléré, et que l'instructeur
doive la former en bataille sans l'arrêter et
en continuant à marcher en bataille après la
formation, il commandera :

1. *Sections à gauche.*

2. MARCHE.

Au deuxième commandement, les guides
de gauche arrêteront court, les sections converseront au même pas qu'elles avaient aupara-
vant, et lorsqu'elles seront arrivées sur la ligne
de bataille , l'instructeur commandera : 1. *En
avant* = MARCHE. 2. *Guide à droite* (ou *à
gauche*). Au commandement de *marche*, le peloton se remettra en marche directe, et les
hommes prendront l'alignement du côté in-

diqué ; le guide de gauche de la première section reprendra vivement sa place de bataille. Il en sera de même pour tous les employés du peloton.

Les mêmes principes sont applicables à une colonne la gauche en tête.

SIXIÈME LEÇON.

ARTICLE PREMIER.

ROMPRE ET FORMER LE PELOTON.

Rompre le peloton.

Le peloton sera rompu, au pas accéléré et gymnastique, d'après les principes indiqués numéros 237 et suivants.

Les chefs des sections qui obliqueront, resteront face à leurs sections et veilleront à ce que les hommes raccourcissent le pas du quart de sa longueur habituelle, afin que les sections se trouvent à distance, à l'instant où celle qui oblique pour rompre sera entrée dans la colonne.

ARTICLE II.

Étant en colonne, mettre des files en arrière et les faire rentrer en ligne.

Comme dans l'ordonnance, en supprimant ce qui est indiqué pour le troisième rang.

ARTICLE III.

Marcher en colonne de route, et exécuter les divers mouvements qui en dépendent.

Comme aux numéros 275 et suivants. Cette marche et ses mouvements pourront s'exécuter au pas gymnastique. Une colonne, à cette allure, doit parcourir un kilomètre en cinq minutes.

Quand on aura réduit le front des subdivisions à cinq hommes, on fera, s'il faut le diminuer encore, marcher par le flanc en doublant les files. Si le passage venait à se rétrécir encore, on les ferait dédoubler.

Les changements de direction de cette colonne se feront toujours du côté opposé au guide, ainsi qu'il a été dit à la *marche en colonne.*

ARTICLE IV.

Contre-marche.

La contre-marche pour une colonne de pied ferme se fera au pas accéléré comme aux numéros 298 et suivants.

ARTICLE V.

Étant en colonne par section, se former sur la droite ou sur la gauche en bataille.

Ce mouvement s'exécutera au pas accéléré ou gymnastique comme dans l'ordonnance.

Formation d'un peloton deux rangs sur un; et réciproquement.

Ces formations se feront au moyen des mêmes commandements et des mêmes principes que dans l'ordonnance pour un peloton sur trois rangs.

TITRE IV.

ÉCOLE DE BATAILLON.

—

RÈGLES GÉNÉRALES ET DIVISION DE L'ÉCOLE DE BATAILLON.

L'école de bataillon a pour objet d'instruire les bataillons individuellement, et de les préparer ainsi aux manœuvres de ligne. Elle sera divisée en cinq parties.

La première comprendra la manière d'ouvrir et de serrer les rangs, et d'exécuter les divers feux.

La deuxième, les différentes manières de passer de l'ordre en bataille à l'ordre en colonne.

La troisième, la marche en colonne et divers autres mouvements relatifs à la colonne.

La quatrième, les différentes manières de passer de l'ordre en colonne à l'ordre en bataille.

La cinquième comprendra la marche en bataille en avant et en retraite, le passage du défilé en retraite, la marche par le flanc, la formation par file en bataille, les changements de front, la colonne double sur le centre, les dispositions contre la cavalerie, le ralliement et les règles à suivre pour manœuvrer par le second rang.

L'harmonie des mouvements en grand dépendant nécessairement de l'instruction individuelle des bataillons, de l'uniformité des commandements, des principes et des moyens d'exécution, les chefs de bataillon se conformeront littéralement à tout ce qui sera prescrit ci-après, sans y rien ajouter, ni en rien retrancher; ils s'attacheront aussi à faire exécuter tous les mouvements avec calme, sang-froid et régularité.

PREMIÈRE PARTIE.

ARTICLE PREMIER.

Ouvrir et serrer les rangs.

Le chef de bataillon, voulant faire ouvrir les rangs, commandera :

1. *Garde à vous, pour ouvrir vos rangs.*

A ce commandement, l'adjudant-major et l'adjudant se porteront à la droite du bataillon, l'adjudant-major à la droite du rang des serre-files, l'adjudant à quatre pas en arrière du premier rang du bataillon.

Ces dispositions étant faites, le chef de bataillon commandera :

2. *En arrière, ouvrez vos rangs.*

3. MARCHE.

Au second commandement, les sous-officiers de remplacement et le caporal qui ferme la gauche du bataillon au deuxième rang, se porteront légèrement à quatre pas en arrière du premier rang pour aller tracer l'alignement sur lequel devra se placer le deuxième rang; ils seront alignés par l'adjudant sur le caporal qui ferme la gauche du second rang du bataillon, lequel aura soin de se placer exactement à quatre pas en arrière du premier rang, et d'élever son arme verticalement entre les yeux, et la crosse en l'air, afin d'indiquer à l'adjudant la direction qu'il devra donner aux sous-officiers de remplacement.

Au commandement de *marche*, le second rang du bataillon et le rang des serre-files se porteront en arrière sans compter les pas; les soldats dépasseront un peu la ligne tracée par les sous-officiers de remplacement, s'arrêteront et se placeront d'eux-mêmes sur cet alignement.

Le rang des serre-files se portera à deux pas en arrière du troisième rang du bataillon, et s'alignera à droite; l'adjudant-major en dirigera l'alignement sur le serre-file de gauche, qui aura soin de se placer exactement à deux pas en arrière du troisième rang, et d'élever son arme verticalement entre les yeux, et la crosse en l'air.

Le chef de bataillon, voyant les rangs alignés, commandera :

4. FIXE.

A ce commandement, l'adjudant-major et

9

l'adjudant reprendront leurs places de bataille.

Le chef de bataillon fera serrer les rangs par les commandements prescrits pour l'instructeur à l'école de peloton.

ARTICLE II.

Les rangs étant serrés, l'instructeur fera exécuter les temps suivants du maniement des armes.

Présenter les armes.... *Porter les armes.*
Reposer sur les armes.. *Porter les armes.*
L'arme au bras....... *Porter les armes.*
Croiser la baïonnette... *Porter les armes.*

Les officiers et les sous-officiers, placés dans le rang, resteront face en tête pendant le maniement des armes.

ARTICLE III.

Charge à volonté et feux.

Le chef de bataillon fera ensuite exécuter la charge à volonté, par les commandements prescrits à l'école de peloton ; les officiers et les sous-officiers, placés dans le rang, feront un demi-à-droite au premier temps de la charge, comme les soldats, et se remettront face en tête, lorsque le soldat de leurs pelotons, qui est à côté d'eux, passera l'arme à gauche.

Le chef de bataillon fera exécuter les feux de peloton, de demi-bataillon, de bataillon, de deux rangs et par rangs, par les commandements qui seront indiqués ci-après.

Le feu de peloton et celui de deux rangs seront toujours directs; le feu de bataillon, le feu de demi-bataillon et le feu par rangs pourront être ou directs ou obliques.

Lorsque le feu devra être oblique, le chef de bataillon fera chaque fois le commandement d'avertissement, *oblique à droite*, ou *oblique à gauche*, après celui de *armes* et avant celui de *joue*.

Le feu de peloton s'exécutera alternativement par le premier et le second peloton de chaque division, comme si la division était isolée. Le premier peloton tirera d'abord; le chef du second peloton ne fera son premier commandement que lorsqu'il verra une ou deux armes apprêtées dans le premier; le chef du premier peloton observera à son tour la même règle à l'égard du second, et le feu continuera ainsi alternativement.

Le chef de bataillon observera la même gradation dans le feu de demi-bataillon.

Le feu de deux rangs commencera dans dans tous les pelotons à la fois, et s'exécutera comme il a été prescrit à l'école de peloton et suivants.

Le feu par rang s'exécutera par l'un et l'autre rang alternativement.

La garde du drapeau ne tirera pas, elle doit réserver son feu pour la défense du drapeau.

Feu de peloton.

Le chef de bataillon, voulant faire exécuter le feu de peloton, commandera :

1. *Feu de peloton.*

2. *Commencez le feu.*

Au premier commandement, les chefs de peloton et les sous - officiers de remplacement se porteront aux places qui leur sont indiquées à l'école de peloton.

Le drapeau et sa garde reculeront de manière que le premier rang de cette garde se trouve à hauteur du deuxième rang du bataillon ; cette règle est générale pour tous les feux.

Au deuxième commandement, les pelotons impairs commenceront le feu ; leurs chefs feront les commandements prescrits à l'école de peloton, en observant de faire précéder celui de *peloton* par la désignation de *premier*, *troisième*, *cinquième* ou *septième*, suivant le numéro de chacun d'eux.

Les chefs des pelotons pairs feront à leur tour les mêmes commandements, en les faisant précéder de la désignation du numéro de leurs pelotons.

Pour éviter que les pelotons impairs ne tirent tous à la fois, les chefs de ces pelotons observeront, mais pour le premier feu seulement, de ne faire le commandement de *joue* que l'un après l'autre : ainsi le chef du troisième peloton ne fera le commandement de *joue*, qu'après avoir entendu le feu du premier peloton ; le chef du cinquième observera la même règle à l'égard du troisième, et le chef du septième à l'égard du cinquième.

Le chef de bataillon fera cesser le feu par un roulement très-court qui sera suivi d'un coup de baguette : à l'instant où le roulement commencera, les soldats exécuteront ce qui a été prescrit à l'école de peloton, n° 60 : au signal du coup de baguette, les chefs de peloton, les sous-officiers de remplacement et la garde du drapeau reprendront vivement leurs places de bataille : cette règle est générale pour tous les feux.

Feu de demi-bataillon.

Lorsque le chef de bataillon voudra faire

exécuter le feu de demi-bataillon, il commandera :

> 1. *Feu de demi-bataillon.*
>
> 2. *Demi-bataillon de droite.*
>
> 3. ARMES.
>
> 4. JOUE.

Le chef de bataillon fera tirer alternativement le demi-bataillon de droite et le
demi-bataillon de gauche, en se conformant,
pour la gradation de ce feu, à ce qui a été
prescrit n° 27.

Feu de bataillon.

Le chef de bataillon fera exécuter le feu
de bataillon par les mêmes commandements
que le feu de demi-bataillon, en observant
seulement de substituer la dénomination de
bataillon à celle de *demi-bataillon de droite*
ou *de gauche.*

Feu de deux rangs.

40. Pour faire exécuter le feu de deux
rangs, le chef de bataillon commandera :

> 1. *Feu de deux rangs.*

2. *Bataillon.*

3. ARMES.

4. *Commencez le feu.*

Au quatrième commandement, le feu commencera par la droite de chaque peloton, comme il a été prescrit à l'école de peloton.

Dans les feux de demi-bataillon, de bataillon et de deux rangs, les chefs de peloton et les sous-officiers de remplacement se porteront, au premier commandement du chef de bataillon, aux places qui leur ont été indiquées dans le feu de peloton.

Feu par rangs.

Pour faire exécuter le feu par rangs, le chef de bataillon commandera :

1. *Feu par rangs.*

2. *Bataillon.*

3. ARMES.

4. *Deuxième rang.*

5. JOUE.

Le feu s'exécutera ainsi qu'il a été expliqué à l'école de peloton, et en suivant la progression prescrite par les deux rangs qui doivent tirer alternativement.

Feux par le deuxième rang.

Lorsque le chef de bataillon voudra faire exécuter les feux par le deuxième rang, il commandera :

1. *Face par le deuxième rang.*

2. *Bataillon.*

3. *Demi-tour* = A DROITE.

Au premier commandement, les chefs de peloton, les sous-officiers de remplacement et les serre-files exécuteront ce qui a été prescrit à l'école de peloton, n° 66 ; le porte-drapeau passera au deuxième rang, le caporal de sa file s'effacera pour le laisser passer, et se placera ensuite au premier rang ; le sous-officier qui ferme la gauche du bataillon changera de place avec le caporal qui ferme la gauche du deuxième rang ; l'adjudant-major, l'adjudant et les tambours se porteront derrière le premier rang, vis-à-vis leurs places de bataille, le premier passant par la droite, et les autres par la gauche du bataillon.

Au troisième commandement, le bataillon fera demi-tour à droite : les chefs de peloton et les sous-officiers de remplacement se conformeront à ce qui est prescrit à l'école de peloton, n° 67.

Le bataillon faisant ainsi face par le deuxième rang, le chef de bataillon fera exécuter les mêmes feux que par le premier rang, et par les mêmes commandements.

Le demi-bataillon de droite et celui de gauche conserveront chacun leur dénomination, quoiqu'ils aient fait demi-tour à droite : les pelotons conserveront aussi la dénomination de *premier, deuxième, troisième,* etc.

Le feu de deux rangs commencera par la gauche de chaque peloton, devenue droite.

Les chefs de peloton, les sous-officiers de remplacement et la garde du drapeau prendront les places qui leur sont indiquées dans les feux par le premier rang, et s'y porteront au premier commandement du chef de bataillon.

Le chef du bataillon, voulant le remettre face par le premier rang, commandera :

1. *Face par le premier rang.*

2. *Bataillon.*

3. *Demi-tour* = A DROITE.

A ces commandements, le bataillon fera

fera face par le premier rang, par les moyens prescrits.

Observations relatives aux feux.

Lorsqu'on tirera à poudre, le chef de bataillon aura soin d'ordonner quelquefois aux chefs de peloton d'inspecter les armes après les feux, ce qui s'exécutera comme il a été prescrit à l'école de peloton, n° 79.

Dans les repos, l'adjudant-major et l'adjudant rendront compte au chef de bataillon des fautes qu'ils auront remarquées.

Le feu de deux rangs étant celui qui s'emploie le plus souvent à la guerre, le chef de bataillon s'y attachera de préférence, et veillera à ce qu'il s'exécute avec la plus grande régularité.

Lorsque le chef de bataillon voudra faire reposer le bataillon sans rompre les rangs, il se conformera à ce qui est prescrit à l'école de peloton, n°s 40 et suivants.

Lorsqu'il voudra faire former les faisceaux, il fera reposer sur les armes, et commandera :

1. *Formez les faisceaux.*

2. *Rompez vos rangs.*

3. MARCHE.

Le chef de bataillon, voulant faire cesser le repos, fera faire un roulement très-court, pendant lequel le bataillon se formera derrière les faisceaux. Le roulement étant fini, le chef de bataillon fera rompre les faisceaux et commandera :

Bataillon.

A ce commandement, les soldats reprendront la position et l'immobilité.

DEUXIÈME PARTIE.

Différentes manières de passer de l'ordre en bataille à l'ordre en colonne.

ARTICLE PREMIER.

Rompre à droite ou à gauche.

Ce mouvement s'exécutera entièrement comme il est prescrit dans l'ordonnance ; le chef de bataillon commandera :

1. *Par peloton à droite.*

2. MARCHE (ou *Pas gymnastique* = MARCHE).

Toutes les fois qu'on ne commandera que *marche*, les mouvements s'exécuteront au pas accéléré.

On rompra par peloton à gauche d'après les mêmes principes et les moyens inverses.

Le mouvement de rompre par divisions s'exécutera par les principes prescrits, n°s 66, 67.

Lorsque le chef de bataillon voudra porter la colonne en avant sans l'arrêter, il commandera :

1. *Pelotons à droite.*

2. *Pas gymnastique* == MARCHE.

Au premier commandement, les chefs de peloton exécuteront ce qui a été dit pour rompre de pied ferme ; au deuxième commandement, ils resteront devant le centre de leur peloton et en surveilleront la conversion. — Les pelotons partiront vivement au pas indiqué, et lorsque les guides de gauche seront arrivés à la perpendiculaire, le chef de bataillon commandera :

1. *En avant.*

2. MARCHE.

3. *Guide à gauche.*

Au deuxième commandement, chaque pelose redressera ; au troisième, la direction et l'alignement se prendront à gauche ; la colonne continuera à se diriger en avant, le guide de la tête marchant sur le point indiqué par l'adjudant-major.

Comme tous les changements de direction d'une colonne en marche devront se faire, ainsi qu'il sera dit plus bas, du côté opposé au guide, il en résulte que pour rompre par la droite, pour marcher vers la gauche, le peloton de la tête ne se portera plus en avant à une distance double de son front; il rompra comme les autres.

L'adjudant-major placera un jalonneur à son flanc droit.

Le peloton de la tête conversera de suite à gauche, et fera tête de colonne à gauche par une double conversion, ainsi que tous les pelotons suivants de la colonne.

Ce mouvement se fera de pied ferme ou en mettant de suite la colonne en marche par les commandements indiqués plus haut.

ARTICLE II.

Rompre en arrière, à droite ou à gauche.

Lorsque le chef de bataillon voudra faire rompre par peloton en arrière à droite, il commandera :

1. *Par peloton en arrière à droite.*

2. *Bataillon* = A DROITE.

3. MARCHE (ou *pas gymnastique*) = MARCHE.

Le mouvement s'exécutera comme dans l'ordonnance ; seulement les files doubleront en faisant à droite, et elles dédoubleront au commandement de front.

Pour rompre en arrière à gauche, le chef de bataillon fera les mêmes commandements, en substituant l'indication de *gauche* à celle de *droite*.

Le mouvement s'exécutera d'après les mêmes principes et les moyens inverses.

On pourra rompre aussi par division en arrière à droite et à gauche : on substituera, dans ce cas, la dénomination de *division* à celle de *peloton*, et le mouvement se fera d'après les principes prescrits aux nᵒˢ 81 et 82 de l'ordonnance.

ARTICLE III.

Ployer le bataillon en colonne serrée.

Si ce mouvement doit s'exécuter de pied ferme et sur place, il se fera au pas accéléré ou au pas gymnastique comme dans l'ordonnance, et d'après les principes prescrits aux nᵒˢ 86 et suivants.

Dans le cas contraire, la colonne sera toujours ployée en arrière de la droite ou de la gauche.

Si le bataillon, au lieu d'être de pied ferme, était en marche au pas accéléré, le mouvement se ferait par la combinaison des deux allures du pas accéléré et du pas gymnastique et toujours en arrière d'une division des ailes.

Le chef de bataillon ferait les commandements suivants :

1. *Colonne serrée par division.*

2. *Sur la première division la droite en tête en colonne.*

3. MARCHE.

Au second commandement, tous les chefs de division se porteront rapidement devant le centre de leurs divisions ; le chef de la première l'avertira qu'elle doit continuer à marcher devant elle au pas accéléré.

Les chefs des trois autres divisions les préviendront qu'elles devront faire à droite, et commanderont : *Pas gymnastique.*

Au troisième commandement, le chef de la première division commandera : *Guide à gauche ;* le guide encadrera de suite et se dirigera au pas accéléré sur le point indiqué.

Ces trois dernières divisions feront à droite en doublant les files, et partiront au pas gymnastique en déboîtant à droite ; elle seront conduites par leurs chefs de division et le guide de droite des pelotons impairs ; les files serreront bien en conservant une allure bien égale.

Le chef de la deuxième division entrera de suite dans la colonne, et conduira sa division en marchant toujours parallèlement à la première division ; lorsqu'il verra la gauche arrivée à sa hauteur, il commandera : *Par le flanc gauche* = MARCHE, *guide à gauche*. La division fera à gauche, les files dédoubleront, le guide de gauche marchera de suite dans les traces de celui de la première division. Les hommes prendront l'alignement et le tact des coudes de ce côté. Lorsque le chef de la deuxième division verra qu'elle est arrivée à la distance voulue de la première, il commandera : *Pas accéléré,* = *marche ;* la division prendra le pas accéléré.

Les chefs des troisième et quatrième divisions exécuteront également le même mouvement, ayant toujours attention de gagner le plus de terrain possible sur la tête de la colonne.

Si le bataillon marche en bataille au pas gymnastique, le chef de la première division, au deuxième commandement, commanderait à sa division : *Pas accéléré,* = *marche*.

Au dernier commandement, le mouvement s'exécuterait par les mêmes moyens.

La dernière division étant entrée dans la

colonne, le chef de bataillon commanderait :

1. *Pas gymnastique* = MARCHE.

Et la colonne continuerait à cette allure sans
s'arrêter.

TROISIÈME PARTIE.

ARTICLE PREMIER.

Marcher en colonne avec distance entière.

La marche en colonne s'exécutera au pas
gymnastique, d'après les principes de l'ordonnance, n° 118 et suivants.

Le chef de bataillon exercera souvent, dans
la marche en colonne, les pelotons à faire les
demi-tours à droite en marchant. Il commandera :

1. *Bataillon, demi-tour à droite.*

2. MARCHE.

Au dernier commandement, les hommes

feront demi-tour sur place, et la colonne reprendra sur-le-champ la marche en sens contraire.

ARTICLE II.

Colonne en route.

Les mouvements prescrits à l'article *colonne en route* de l'ordonnance s'exécuteront également au pas gymnastique, quand une troupe devra parcourir rapidement une distance donnée, si la distance est longue, le chef de la colonne aura soin de ne pas la laisser marcher pendant plus de 10 à 15 minutes de suite à cette allure ; à chaque période de ce temps écoulée, il lui fera reprendre le pas de route ordinaire pendant cinq minutes. Si le terrain était très-accidenté, qu'il y eût des pentes roides à gravir et à descendre, il réserverait le pas gymnastique pour les accidents les plus favorables à cette marche.

Une colonne marchant alternativement le pas gymnastique et le pas de route ordinaire, ainsi qu'il a été dit, pourra facilement fournir de très-longues distances dans un temps fort court ; mais quand la distance à parcourir ne sera que de trois ou quatre kilomètres, elle pourra être franchie d'une seule traite, sauf les difficultés du terrain.

ARTICLE III.

Changements de direction avec distance entière.

Il ne sera fait de changements de direction que du côté opposé au guide. Le chef de bataillon changera le côté de la direction chaque fois qu'il sera nécessaire, pour se conformer à ce principe.

ARTICLE IV.

Arrêter la colonne.

La colonne étant en marche au pas gymnastique, sera arrêtée par les mêmes commandements et les mêmes moyens que ceux prescrits par l'ordonnance.

Au commandement de : *Halte*, les hommes arrêteront sur place, et d'eux-mêmes rectifieront leur position dans le rang.

On se conformera, pour rectifier l'alignement et les distances des guides, à ce qui est prescrit aux numéros 196 et suivants.

ARTICLE V.

Serrer la colonne à demi-distance ou en masse.

Un bataillon en colonne par peloton, à distance entière et la droite en tête, étant au pas accéléré, lorsque le chef de bataillon voudra le faire serrer à demi-distance sur le premier peloton, en marchant, il commandera :

1. *A distance de section, serrez la colonne.*

2. *Pas gymnastique.*

3. MARCHE.

Au premier commandement, le chef du premier peloton l'avertira qu'il doit continuer à marcher devant lui au pas accéléré.

Tous les autres chefs de peloton préviendront leurs pelotons qu'ils doivent partir au pas gymnastique.

Au commandement de : *Marche,* le premier peloton continuera à marcher au pas accéléré, tous les autres prendront le pas gymnastique; et à mesure que chacun d'eux arrivera à distance de section de celui qui le précède, son chef commandera : *Pas accéléré = marche.* Chaque peloton, à ce commandement, prendra le pas indiqué.

Lorsque le huitième peloton sera arrivé à

sa distance, le chef de bataillon, s'il veut mettre toute la colonne au pas gymnastique, commandera : *Pas gymnastique = marche*, et la colonne partira.

Si la colonne est au pas gymnastique à distance entière, et que le chef de bataillon veuille la faire serrer à demi-distance, il commandera :

1. *A distance de section, serrez la colonne.*

2. MARCHE.

Au premier commandement, le chef du premier peloton commandera : *Pas accéléré*. Les chefs des autres pelotons les préviendront qu'ils doivent continuer à marcher à la même allure.

Au deuxième commandement, le premier peloton prendra le pas accéléré; tous les autres continueront à marcher au pas gymnastique, et à mesure que chacun d'eux arrivera à distance de celui qui le précède, son chef lui fera prendre le pas accéléré.

Lorsque le huitième peloton sera arrivé à sa distance, le chef de bataillon commandera : *Pas gymnastique = marche.*

Serrer la colonne sur le huitième peloton.

Si, au lieu de faire serrer la colonne sur le

premier peloton, le chef de bataillon veut la faire serrer sur le huitième, il commandera :

> 1. *Sur le huitième peloton, à distance de section, serrez la colonne.*
>
> 2. *Pas gymnastique.*
>
> 3. *Bataillon, demi-tour à droite.*
>
> 4. MARCHE.

On suppose la colonne au pas accéléré, par le premier rang.

Au premier commandement, le chef du huitième peloton le préviendra qu'il doit rester face en tête, et il fera le commandement de : *Huitième peloton*; les chefs des autres pelotons les préviendront qu'ils doivent faire demi-tour à droite.

Au troisième commandement, le chef du huitième peloton commandera : *Halte*, et l'alignera. Les autres pelotons feront demi-tour à droite et partiront au pas gymnastique, au commandement de : *Marche.*

A mesure que chacun d'eux arrivera à sa distance, il sera arrêté par le commandement de *tel peloton* = *halte.* Le peloton se remettra aussitôt face en tête sans autre commandement, et son chef l'alignera.

Ces principes serviront à faire également serrer une colonne de pied ferme, sur le dernier peloton.

On a supposé, dans ces deux cas, que la colonne doit rester face par le premier rang, et ne pas se porter, après ce mouvement, en avant ou en arrière.

Si la colonne doit marcher en retraite, le chef de bataillon lui fera faire demi-tour à droite, et commandera ensuite :

1. *Sur le huitième peloton, à distance de section, serrez la colonne.*

2. MARCHE (ou *Pas gymnastique =* MARCHE.

Le chef du huitième peloton lui commandera : *Pas accéléré.* Ceux des autres pelotons leur commanderont : *Pas gymnastique.*

Au deuxième commandement le huitième peloton continuera à marcher au pas accéléré ; tous les autres pelotons partiront au pas gymnastique, et à mesure que chacun d'eux arrivera à sa distance, il reprendra le pas accéléré.

Lorsque le premier peloton aura sa distance, le chef de bataillon pourra faire prendre l'allure gymnastique à la colonne par le commandement indiqué.

Ces règles sont applicables à une colonne par division ; elles serviront également à faire serrer en masse par peloton et par division, la droite ou la gauche en tête.

ARTICLE VI.

*Marcher en colonne à demi-distance ou serrée
en masse.*

Comme aux numéros 225 et suivants de
l'ordonnance : le chef de bataillon fera souvent
exécuter les demi-tours en marchant au pas
accéléré et au pas gymnastique.

ARTICLE VII.

*Changement de direction en colonne à demi-
distance.*

Les changements de direction d'une colonne à demi-distance se feront toujours du
côté opposé au guide ; le chef de bataillon
changera le côté de la direction chaque fois
que cela sera nécessaire. Le pivot fera le pas
de cinquante centimètres pour dégager le
point de la conversion ; l'aile marchante dé-
crira un cercle plus grand.

ARTICLE VIII.

*Changements de direction d'une colónne serrée
en masse.*

1° *Changement de direction en marchant.*

Un bataillon en colonne serrée par division
étant en marche au pas gymnastique, changera de direction par le front des subdivisions,
d'après les principes et commandements prescrits aux numéros 231 et suivants de l'ordonnance.

Il en sera de même pour une colonne serrée
par peloton.

2° *Changement de direction de pied ferme.*

Une colonne serrée en masse par peloton
ou par division étant de pied ferme, lorsque
le chef de bataillon voudra la porter dans une
nouvelle direction et qu'elle devra y rester,
il lui fera exécuter ce mouvement par le flanc
des subdivisions au pas gymnastique, par les
moyens et commandements prescrits dans
l'ordonnance, en substituant l'indication de
pas gymnastique à celle de *pas accéléré.*

ARTICLE IX.

Étant en colonne à demi-distance ou serrée en masse, prendre les distances.

La colonne étant à demi-distance par peloton, lorsqu'elle devra prendre les distances par la tête de la colonne, en la supposant au pas gymnastique, le chef de bataillon commandera :

1. *Par la tête de la colonne, prenez les distances.*

A ce commandement, le premier peloton continuera à marcher droit en avant au pas gymnastique; les autres chefs de peloton commanderont ! *Pas accéléré = marche.* Leurs pelotons prendront le pas accéléré.

Lorsque le chef du second peloton sera près d'avoir sa distance, il commandera : *Pas gymnastique = marche.*

Au commandement de *marche*, prononcé à l'instant où le guide du premier peloton aura marché l'étendue de son front, le second peloton partira au pas gymnastique. Chacun des autres pelotons exécutera successivement ce qui vient d'être prescrit pour le second, et la colonne continuera à se porter en avant.

Mais si la colonne, au lieu de continuer à marcher en avant, devait prendre les distances pour se déployer sur place, le mouvement se ferait sur le dernier peloton.

Le chef de bataillon commandera :

1. *Par la queue de la colonne à gauche en bataille.*

2. MARCHE.

A la fin de ce commandement, le chef du huitième peloton lui commandera : *à gauche en bataille.* Il se retournera face à son peloton pour en surveiller le mouvement.. Au deuxième commandement, le guide de gauche s'arrêtera court; le guide de droite marchera circulairement à gauche, en ayant soin de modérer son allure et de ne gagner du terrain, en conversant, qu'au fur et à mesure que le septième peloton lui en cédera dans sa marche en avant. Dès qu'il sera près d'arriver sur la ligne de bataille, le chef de peloton l'arrêtera et l'alignera à droite. Chacun des autres pelotons continuera à marcher au pas gymnastique, et à mesure qu'il aura gagné sa distance, il sera établi en bataille par le même moyen.

La colonne marchant au pas gymnastique, si elle doit se déployer sur place et sur le premier peloton, le chef de bataillon commandera :

> 1. *Par la tête de la colonne à gauche*
> *en bataille.*

> 2. *Demi-tour à droite.*

> 3. MARCHE.

Au deuxième commandement, le chef du premier peloton lui commandera : *A gauche en bataille.* Les autres chefs des pelotons les préviendront qu'ils doivent faire demi-tour à droite en marchant.

Au troisième commandement, le premier peloton se formera à gauche en bataille et sera aligné à droite. Chacun des autres pelotons fera demi-tour à droite en marchant, reprendra le pas gymnastique par le deuxième rang, et à mesure qu'ils auront leur distance les chefs de peloton commanderont : 1. *A gauche en bataille.* 2. *Demi-tour à droite* = MARCHE. Les hommes se remettront vivement face en tête et reprendront le pas gymnastique en conversant à gauche pour se former en bataille.

Ces divers mouvements s'exécuteront, d'après les mêmes principes, dans une colonne la gauche en tête.

Ils s'exécuteront de même pour une colonne serrée en masse, soit pour prendre distance entière, soit pour prendre seulement demi-distance.

On formera ainsi une colonne serrée ou à demi-distance, en bataille face à droite ou à gauche, par inversion ou dans l'ordre naturel, de pied ferme et en marchant.

ARTICLE X.

Contre-marche d'une colonne à distance entière ou à demi-distance.

Comme dans l'ordonnance, ce mouvement se fera toujours de pied ferme et au pas accéléré. Les chefs des pelotons ou des divisions les préviendront qu'ils doivent doubler les files.

Contre-marche d'une colonne serrée en masse.

Ce mouvement s'exécutera comme dans l'ordonnance.

Au premier commandement, les chefs des pelotons ou des divisions les préviendront qu'elles ne devront pas doubler les files en faisant par le flanc droit ou par le flanc gauche. Le mouvement se fera sur deux rangs.

ARTICLE XI.

En colonne par peloton serrée en masse, de pied ferme ou en marche, former les divisions.

La colonne étant serrée en masse, la droite en tête et de pied ferme, lorsque le chef de bataillon voudra faire former les divisions, il commandera :

1. *Formez les divisions.*

2. *Pelotons pairs, à gauche.*

3. *Pas gymnastique.* = MARCHE.

Le mouvement se fera comme aux n°s 307 et suivants ; seulement les files des pelotons pairs doubleront, et les chefs de ces pelotons, au lieu de les arrêter, quand ils auront déboîté, leur commanderont : *Par le flanc droit* = MARCHE. Les hommes feront à droite en marchant, dédoubleront les files et reprendront le tact des coudes à droite, et à mesure que chaque peloton arrivera sur l'alignement du peloton impair de sa division, il sera arrêté et aligné par son chef.

La colonne étant au pas gymnastique, lorsque le chef de bataillon voudra faire former les divisions, il commandera :

1. *Formez les divisions.*

2. *Pelotons pairs — à gauche.*

3. MARCHE.

Au premier commandement, les chefs des pelotons impairs commanderont à leurs pelotons : *Marquez le pas.* Les chefs des pelotons pairs : *Par le flanc gauche.*

Au deuxième commandement, les pelotons impairs feront le pas gymnastique sur place ; les pelotons pairs feront à gauche en marchant et doubleront les files, et quand leur droite sera arrivée à hauteur de leurs chefs de peloton qui les auront laissés filer, ceux-ci leur feront faire à droite en marchant. Aussitôt que le chef de bataillon verra les divisions réunies, il commandera :

1. *En avant.*

2. MARCHE.

Et la colonne repartira à la même allure.

Étant en colonne à distance entière ou à demi-distance, former les divisions.

Si la colonne, au lieu d'être serrée en masse, est à distance entière ou à demi-distance, la formation des divisions en marchant se fera d'après les mêmes principes et commandements ; seulement, les pelotons impairs, au lieu de marquer le pas, prendront le pas accéléré au commandement de leurs chefs de peloton, pour attendre les pelotons pairs qui marcheront le pas gymnastique.

QUATRIÈME PARTIE.

Différentes manières de passer de l'ordre en colonne à l'ordre en bataille.

ARTICLE PREMIER.

Différentes manières de déterminer la ligne de bataille.

(Sans applications.)

ARTICLE II.

Différentes manières de former la colonne à distance entière sur la ligne de bataille.

1. *A gauche ou à droite en bataille.*

2. *Sur la droite ou sur la gauche en bataille.*

3. *En avant en bataille.*

4. *Face en arrière en bataille.*

1º *Colonne à distance entière, la droite en tête, à gauche en bataille.*

La colonne étant en marche sera formée à gauche en bataille sans s'arrêter, par les mêmes commandements et les mêmes moyens qu'aux nᵒˢ 339 et suivants. Les guides arrêteront court au commandement de *Marche.*

Mais si le bataillon formé en bataille doit se porter de suite en avant, le chef de bataillon commandera :

1. *Pelotons à gauche.*

2. MARCHE.

3. *En avant.*

4. MARCHE.

Au premier commandement, les chefs des pelotons les préviendront qu'ils doivent converser à gauche, à pivot fixe.

Au deuxième, les pelotons converseront, et quand ils seront arrivés sur la ligne de bataille, le chef de bataillon commandera : *En avant = marche,* et le bataillon continuera à la même allure, en se conformant de suite aux principes de la marche en bataille de la sixième leçon.

Par inversion à droite ou *à gauche en bataille.*

Mêmes applications qu'au mouvement pré-cédent : faire précéder les commandements indiqués par celui de : *Par inversion.*

FORMATIONS SUCCESSIVES.

2° *Colonne à distance entière sur la droite* ou *sur la gauche en bataille.*

Comme dans l'ordonnance.

3° *Colonne à distance entière en avant en bataille.*

Une colonne par peloton à distance entière, la droite en tête, au pas gymnastique, devant se former en avant en bataille, et continuer à se porter en avant, le chef de bataillon com-mandera :

1. *En avant en bataille.*

2. *Par peloton demi-à-gauche.*

3. MARCHE.

Au premier commandement, le chef du premier peloton commandera : 1. *Guide à droite.* 2. *Pas accéléré.*

Au commandement de *Marche*, le premier peloton prendra le pas accéléré ; les autres pelotons, marchant au pas gymnastique, exécuteront un quart de conversion à gauche à pivot fixe. Lorsque le chef de bataillon jugera qu'ils ont assez conversé, il commandera :

1. *En avant.*

2. *Guide à droite.*

Les pelotons cesseront de converser et se porteront en avant, en se conformant aux principes du n° 385.

Le second peloton étant arrivé à la hauteur de la file de gauche du premier, son chef le fera tourner à droite en marchant pour le porter sur la ligne de bataille, et lorsqu'il sera redressé et arrivé sur l'alignement, le chef de peloton commandera : *Pas accéléré* = MARCHE ; le peloton marchera sur l'alignement du premier. Chacun des autres pelotons exécutera ce qui vient d'être prescrit pour le précédent.

Lorsque le dernier peloton sera arrivé en ligne, le chef de bataillon commandera :

1. *Pas gymnastique* = MARCHE.

Si la colonne marche au pas accéléré, au commandement de *Marche*, le premier peloton continuera le pas accéléré; les autres prendront le pas gymnastique pour se porter sur la ligne; ils reprendront alors le pas accéléré.

On le formera, la gauche en tête, d'après les mêmes principes.

4° *Colonne à distance entière, face en arrière en bataille.*

Lorsqu'une colonne par peloton, à distance entière et la droite en tête, arrivera par-devant la droite de la ligne de bataille au pas gymnastique, le chef de bataillon la formera en bataille sur cette ligne par le mouvement de face en arrière en bataille. Il commandera :

1. *Face en arrière en bataille.*

2. MARCHE.

Au second commandement, tous les pelotons de la colonne feront à-droite en marchant et doubleront les files; le premier peloton conversera de suite par file à gauche et sera dirigé par son chef sur le jalonneur de gauche; il traversera la ligne de bataille de trois pas, et conversera de nouveau par file à gauche;

lorsqu'il sera entré sur la ligne, son chef l'arrêtera et l'alignera à droite.

Tous les guides de gauche partiront ensemble au pas de course à l'instant où le mouvement commencera, et iront s'établir correctement à distance de peloton sur la ligne de bataille. Le deuxième peloton se dirigera diagonalement sur son guide de gauche déjà établi, et traversera la ligne de bataille ; il conversera par file à gauche, et sera arrêté et aligné par le chef de peloton, quand il sera tout entier sur la ligne de bataille.

Les autres pelotons exécuteront le même mouvement.

La bonne exécution de ce mouvement dépend beaucoup de la rapidité avec laquelle les guides de gauche se porteront sur la ligne, et de leur habileté à se placer à distance exacte de peloton du guide qui les précédera.

Si la colonne marche au pas accéléré, au commandement de *marche*, le premier peloton conservera le même pas, et les autres prendront, au commandement des *chefs de peloton*, le pas gymnastique pour se porter sur la ligne.

Les mêmes règles sont applicables pour former une colonne ayant la gauche en tête.

ARTICLE III.

*Formations en bataille composées de deux
mouvements.*

Une colonne en marche par peloton, la
droite en tête, au pas gymnastique, arrivant
par derrière la ligne de bataille et se prolon-
geant sur cette ligne, si le chef de bataillon
juge nécessaire de la former sur cette ligne
en bataille avant que tous les pelotons
soient entrés dans la nouvelle direction, il
commandera :

1. *A gauche et en avant en bataille.*

2. MARCHE.

Au premier commandement, les chefs de
tous les pelotons qui ne sont pas encore entrés
dans la nouvelle direction, commanderont :
1. *Peloton demi-à-gauche;* les chefs des autres
pelotons les avertiront du mouvement qu'ils
ont à faire.

Au commandement de *marche,* les guides
de gauche des pelotons entrés dans la nouvelle direction arrêteront court. Ces pelotons
se formeront *à gauche en bataille;* les autres

en *avant en bataille*, par les moyens prescrits pour ces deux formations.

Si la colonne marche au pas accéléré, le chef de bataillon fera le commandement de *pas gymnastique* avant celui de *marche*, et le mouvement se fera de même.

Les mêmes règles sont applicables à une colonne la gauche en tête.

Si au lieu d'arriver par derrière la ligne de bataille, la colonne arrive par devant, le chef de bataillon commandera :

1. *A gauche et face en arrière en bataille.*

2. MARCHE.

Et le mouvement s'exécutera comme il a été prescrit pour ces deux formations.

ARTICLE IV.

Différentes manières de former la colonne à demi-distance, sur la ligne de bataille.

1. *A gauche (ou à droite) en bataille.*

2. *Sur la droite (ou sur la gauche) en bataille.*

3. *En avant en bataille, par le déploiement.*

4. *Face en arrière en bataille.*

1º *Colonne à demi-distance, à gauche (ou à droite) en bataille.*

Ce mouvement a été expliqué plus haut, IIIe partie, art. IX. (Prendre les distances pour déployer.)

2º *Colonne à demi-distance, sur la droite (ou sur la gauche) en bataille.*

Une colonne à demi-distance se formera sur la droite ou sur la gauche en bataille comme une colonne à distance entière.

3º *Colonne à demi-distance en avant en bataille.*

Lorsqu'une colonne à demi-distance devra se former en avant en bataille, le chef de bataillon la fera serrer en masse, et la déploiera sur le peloton de la tête.

4º *Colonne à demi-distance, face en arrière en bataille.*

Une colonne à demi-distance se formera face en arrière en bataille comme une colonne à distance entière.

ARTICLE V.

Déploiement des colonnes serrées.

Une colonne serrée en masse pourra se former en bataille :

1. *Face en avant par le déploiement.*

2. *Face en arrière par la contre-marche et le déploiement.*

3. *Face à droite et face à gauche par un changement de direction par le flanc et le déploiement.*

La colonne étant serrée en masse par division, la droite en tête, et en marche au pas gymnastique, si le chef de bataillon veut la faire déployer en avant sur la première division, il commandera :

1. *Sur la première division déployez la colonne.*

2. MARCHE.

Au premier commandement, le chef de la première division lui commandera : 1. *Guide à droite.* 2. *Pas accéléré.* Les chefs des trois autres divisions les préviendront qu'elles doivent faire à gauche, et se porteront à gauche.

Au commandement de *marche*, la première division prendra le pas accéléré et le guide à droite.

Les trois divisions feront à gauche en marchant et doubleront les files. Le guide de gauche de la deuxième se dirigera parallèlement à la première ; ceux des troisième et quatrième divisions marcheront à sa hauteur.

Le chef de la deuxième division verra filer sa division ; et lorsque son guide de droite arrivera à sa hauteur, il commandera : 1. *Par le flanc droit* = MARCHE. 2. *Guide à droite.*

Au commandement de *marche*, la division fera à droite ; les files se dédoubleront et se dirigeront droit en avant à la même allure. Au commandement de *guide à droite*, elles appuieront à droite en marchant. Lorsque la division sera arrivée sur l'alignement de la première, son chef commandera : 1. *Pas accéléré* = MARCHE. Elle prendra le pas indiqué, et marchera en se réglant sur la première division.

La troisième et la quatrième division continueront à marcher ; au commandement de *par le flanc droit* = MARCHE fait à la seconde, le chef de la troisième s'arrêtera et se placera

à la hauteur du guide de la seconde, en tenant compte de l'ouverture des files de cette
division, si elles n'avaient pas encore serré; et
quand son guide de droite sera arrivé à sa
hauteur, il fera faire à droite à sa division, et
la portera sur l'alignement des deux premières, ainsi qu'il a été dit plus haut.

Le chef de la quatrième division se conformera à ce qui vient d'être prescrit pour la troisième.

Si la colonne marche au pas accéléré, la
première division continuera à marcher à la
même allure. Le chef de bataillon commandera : *Pas gymnastique.*

Si le chef de bataillon veut déployer la colonne sur la quatrième division, il commandera :

1. *Sur la quatrième division déployez la
   colonne.*

2. MARCHE.

Au premier commandement, le chef de la
quatrième division lui commandera : *Quatrième division.* Et *halte* au deuxième.

Les chefs des trois premières divisions se
porteront rapidement à leur droite, en les
prévenant qu'elles devront faire à droite en
marchant.

Au commandement de *marche*, la quatrième

division s'arrêtera; les trois autres feront à droite en doublant les files, et se dirigeront parallèlement à la nouvelle ligne.

Le chef de la quatrième division commandera : *Guide à gauche*; et quand il verra que la gauche de la troisième sera près de le démasquer, il commandera : 1. *Pas accéléré*. 2. MARCHE. Le commandement de *marche* sera fait à l'instant où la gauche de la troisième division n'aura plus que cinq pas à faire pour arriver à hauteur de la droite de la quatrième. La division se mettra en marche au pas accéléré.

Le chef de la troisième division, voyant la gauche arrivée à sa hauteur, l'arrêtera en commandant : *Troisième division, halte;* elle s'arrêtera, les hommes se remettront de suite face en tête, en dédoublant les files, et au commandement de : *Guide à gauche*, qui sera fait immédiatement après celui de *halte*, ils appuieront à gauche. Lorsque la division sera près d'être démasquée par la deuxième, son chef la mettra en marche au pas gymnastique, et il lui fera prendre le pas accéléré quand elle sera arrivée sur l'alignement de la quatrième.

Les deuxième et première divisions exécuteront le même mouvement et d'après les mêmes principes. Lorsque la première arrivera sur la ligne, le chef de bataillon commandera : 1. *Pas gymnastique = marche*, et le bataillon continuera à se porter en avant.

Pour déployer la colonne sur une division de l'intérieur, le chef de bataillon commandera :

1. *Sur telle division déployez la colonne.*

2. MARCHE.

Le mouvement s'exécutera en combinant les règles qui viennent d'être données pour les deux cas précédents.

La division sur laquelle on déploiera s'arrêtera pour se laisser démasquer par celles qui la précèdent et qui marchent par le flanc droit; celles-ci se déploient comme il a été dit pour le déploiement sur la dernière division.

Les divisions qui sont en arrière marchent par le flanc gauche, et se déploient comme il a été dit pour le déploiement sur la première division.

Toutes les divisions étant déployées, le chef de bataillon fera reprendre le pas gymnastique.

Il en sera de même que plus haut, si la colonne est au pas accéléré : le chef de bataillon commandera : *Pas gymnastique = marche,* et la colonne prendra cette allure, excepté la division qui sert de base, qui marchera au pas accéléré.

Les mêmes règles sont applicables à une colonne la gauche en tête.

OBSERVATIONS RELATIVES AUX INVERSIONS.

Les mêmes que dans l'ordonnance.
Tous les principes précédents sont applicables à ces manœuvres.

CINQUIÈME PARTIE.

ARTICLE PREMIER.

Marche en bataille en avant.

Comme dans l'ordonnance, excepté que le
chef de bataillon commandera :

1. *Bataillon en avant.*

2. *Pas gymnastique* = MARCHE.

Le bataillon étant en marche, lorsqu'il devra se mettre en marche en colonne vers la
droite, le chef de bataillon commandera :

1. *Pelotons à droite.*

2. MARCHE.

Au premier commandement, les chefs de peloton se porteront rapidement devant le centre de leurs pelotons et les préviendront.

Au deuxième commandement, les guides de droite s'arrêteront court et pivoteront; ils auront à l'avance remplacé les chefs de peloton au premier rang. Les guides de gauche encadreront vivement la gauche de leurs pelotons, dès qu'ils pourront passer. Les pelotons converseront à droite à pivot fixe, et dès qu'ils seront arrivés sur la perpendiculaire à la ligne de bataille, le chef de bataillon commandera : 1. *En avant = marche.* 2. *Guide à gauche.* La colonne partira au pas gymnastique.

Les moyens inverses serviront à remettre la colonne en bataille. Ce mouvement a été indiqué plus haut, aux formations en bataille à distance entière.

ARTICLE II.

Marche oblique en bataille.

Le bataillon marchant en bataille au pas gymnastique, lorsque son chef voudra le faire obliquer, il commandera :

1. *Oblique à droite (ou à gauche).*

2. MARCHE.

Au premier commandement, l'adjudant se portera en avant et en face du porte-drapeau.

Au commandement de *marche*, tout le bataillon prendra le pas oblique, ainsi qu'il a été prescrit à l'école de peloton.

L'adjudant maintiendra le porte - drapeau sur la perpendiculaire à la ligne de bataille passant par le caporal du centre.

L'adjudant-major aura soin de maintenir la base d'alignement dans une direction parallèle à la direction primitive du bataillon.

Les autres principes et observations relatifs à ce mouvement sont les mêmes que dans l'ordonnance.

ARTICLE III.

Arrêter le bataillon marchant en bataille,
et l'aligner.

Le bataillon marchant au pas gymnastique sera arrêté et aligné comme aux n⁰ˢ 540 et suivants.

ARTICLE IV.

Changement de direction en marchant en
bataille.

Comme dans l'ordonnance, excepté que le

porte-drapeau et le caporal placé au centre du bataillon feront le pas égal à la moitié du pas gymnastique.

ARTICLE V.

Marche en bataille en retraite.

Le bataillon marchant en bataille par le premier rang au pas gymnastique, lorsque le chef de bataillon voudra le faire marcher en retraite, il commandera :

1. *Bataillon, demi-tour à droite.*

2. MARCHE.

Au second commandement, le bataillon fera demi-tour à droite, et repartira à la même allure par le second rang. On se conformera aux principes prescrits aux n°s 570 et suivants.

Si le chef de bataillon veut faire marcher de nouveau en avant, il fera le même commandement, et le bataillon se remettra aussitôt face en tête.

ARTICLE VII.

*Changement de direction en marchant en
retraite.*

Ce mouvement s'exécutera comme par le
premier rang, et suivant ce qui est dit au
n° 583.

ARTICLE VIII.

*Passage d'obstacle en marchant en avant
et en retraite.*

Le bataillon marchant en bataille par le
premier rang, au pas accéléré, lorsqu'un
obstacle couvrira un ou plusieurs pelotons,
le chef de bataillon les fera ployer en colonne à distance entière en arrière du peloton le plus voisin du drapeau : ce qui s'exécutera de la manière suivante. On suppose
que l'obstacle couvre le troisième peloton, le
chef de bataillon commandera :

1. *Troisième peloton, obstacle.*

A ce commandement, le chef du troisième
peloton se portera rapidement devant le centre de son peloton, lui fera face, et comman-

dera : 1. *Par le flanc gauche, pas gymnas-tique.* 2. MARCHE. Il se portera, aussitôt après, à la gauche de son peloton.

Il se ploiera en arrière du quatrième peloton, comme il est dit au n° 586; lorsqu'il sera arrivé à la distance indiquée, le chef de peloton commandera : 1. *Pas accéléré.* 2. MARCHE.

L'obstacle franchi, le chef de bataillon commandera :

Troisième peloton, en ligne.

Ce mouvement se fera au pas gymnastique et par les moyens indiqués pour la formation de *En avant en bataille.* Au moment où le peloton arrivera sur la ligne, son chef se placera à sa droite et commandera : 1. *Pas accéléré* 2. MARCHE.

On suppose que l'obstacle couvre plusieurs pelotons contigus (les trois premiers pelotons, par exemple), le chef de bataillon commandera :

1. *Trois pelotons de droite, obstacle.*

2. MARCHE.

Les chefs des pelotons désignés se conformeront à ce qui a été dit plus haut pour le troisième, et à mesure que chacun d'eux sera arrivé à sa distance dans la colonne, il reprendra le pas accéléré.

L'obstacle franchi par le dernier peloton de la colonne rompue, le chef de bataillon commandera :

1. *Trois pelotons de droite, en ligne.*

2. MARCHE.

Le mouvement se fera comme il a été expliqué.

Les passages d'obstacle dans la marche en retraite se feront comme par le premier rang.

Lorsqu'un bataillon marchant en bataille par le premier rang devra faire demi-tour pour marcher en retraite, s'il se trouve des pelotons en colonne derrière le second rang, ces pelotons feront demi-tour à droite en même temps que le bataillon, et le précéderont dans la marche en retraite; ils se remettront ensuite en ligne par le pas oblique, et en gardant la même allure que le bataillon, à mesure que le terrain le permettra.

Dans les mouvements précédents, on a supposé que le bataillon marchait au pas accéléré.

Mais s'il marchait au pas gymnastique, on suivrait les règles suivantes :

Chaque fois que le chef de bataillon voudra faire rompre plus d'un peloton, il fera prendre le pas accéléré au reste du bataillon; les pelotons rompront au pas gymnastique; cette allure ne sera donc conservée par la portion de troupe qui marche en bataille, que pour le mouvement d'un seul peloton, ou bien de plusieurs pelotons non contigus.

Il en sera de même pour faire rentrer en ligne un seul peloton, ou plusieurs pelotons non contigus; le bataillon continuera à marcher au pas gymnastique, et le peloton accélérera un peu l'allure.

Pour faire rentrer plusieurs pelotons rompus en colonne, les uns derrière les autres, le chef de bataillon fera prendre le pas accéléré aux pelotons marchant en bataille; les autres se porteront sur la ligne au pas gymnastique, et prendront le pas accéléré à mesure qu'ils y arriveront. Le dernier ayant achevé son mouvement, le chef de bataillon fera reprendre le pas gymnastique.

Pour faire rentrer en ligne un ou plusieurs pelotons rompus et marchant en avant du second rang du bataillon dans le mouvement de retraite, le chef de bataillon fera conserver la même allure à tout le bataillon.

ARTICLE IX.

Passer le défilé en retraite par l'aile droite ou par l'aile gauche.

Ce mouvement s'exécutera comme il est prescrit dans l'ordonnance; seulement, les files doubleront à l'instant où les pelotons feront par le flanc, et elles dédoubleront quand les sections se formeront en ligne.

ARTICLE X.

Marcher par le flanc.

Comme dans l'ordonnance, à l'exception que les files doubleront.

Le chef de bataillon fera passer le bataillon de la marche de flanc à celle de front, et réciproquement.

Les changements de direction par file se feront par les mêmes commandements et principes qu'aux numéros 629 et 630.

Le bataillon marchera au pas accéléré ou gymnastique.

Le bataillon marchant par le flanc, lorsque le chef de bataillon voudra l'arrêter, il commandera :

1. *Bataillon.*

2. HALTE.

3. FRONT.

Ces mouvements seront exécutés comme il a été prescrit à l'école de peloton. Les files dédoubleront en revenant face en tête.

Le chef de bataillon voulant faire marcher en bataille en avant ou en retraite, le bataillon marchant *par le flanc droit* ou *par le flanc gauche*, il commandera :

1. *Par le flanc gauche* (ou *par le flanc droit*.)

2. MARCHE.

Le bataillon, au commandement de *marche*, fera *à gauche* ou *à droite* ; les files dédoubleront en faisant par le flanc, et le bataillon continuera à marcher au même pas, en se conformant aux principes prescrits pour la marche en bataille.

ARTICLE XI.

Former le bataillon sur la droite ou sur la gauche, par file en bataille.

Le bataillon marchant par le flanc droit, les files doublées, au pas gymnastique, le chef de bataillon, voulant le former sur la droite par file en bataille, commandera :

1. *Sur la droite par file en bataille.*

2. MARCHE.

La formation s'exécutera comme il a été dit à l'école de peloton, en suivant les autres principes des numéros 633 et suivants de l'école de bataillon.

ARTICLE XII.

Changements de front.

Changement de front perpendiculaire en avant.

Le bataillon marchant en bataille au pas gymnastique ou au pas accéléré, si le chef de bataillon veut lui faire changer de front en avant sur le premier peloton, dans une direction perpendiculaire, il commandera :

1. *Changement de front en avant sur le premier peloton.*

2. MARCHE.

Au premier commandement, les chefs de peloton se porteront devant le centre de leurs pelotons, et commanderont : *Par peloton demi-à-droite.* Celui du premier peloton commandera : *Guide à droite, pas accéléré.*

Au commandement de *marche*, le premier peloton prendra le guide à droite et le pas accéléré; son chef se portera à sa droite; le guide de gauche restera en serre-file. Les autres pelotons converseront à droite à pivot fixe; les guides de gauche conduiront l'aile marchante. Lorsque le chef de bataillon jugera qu'ils ont assez conversé, il commandera :

3. *En avant.*

4. *Guide à droite.*

Les pelotons marcheront droit en avant, et se porteront sur la ligne de bataille par les commandements et principes prescrits pour la formation de *En avant en bataille.*

A mesure qu'ils arriveront, ils prendront le pas accéléré.

Si le chef du bataillon veut lui faire prendre le pas gymnastique, lorsque le dernier peloton aura achevé son mouvement, il commandera :

1. *Pas gymnastique.*

2. MARCHE.

Changement de front perpendiculaire en arrière.

Ce mouvement s'exécutera comme le précédent et d'après les autres principes de l'ordonnance.

Le bataillon marchant en bataille en avant au pas gymnastique, le chef de bataillon commandera :

1. *Changement de front en arrière sur le premier peloton.*

2. *Bataillon, demi-tour à droite.*

3. MARCHE.

ARTICLE XIII.

Ployer le bataillon en colonne double sur le centre.

Le bataillon marchant en bataille au pas gymnastique, pour le ployer à distance de peloton, le chef de bataillon commandera :

1. *Colonne double à distance de peloton.*

2. MARCHE.

Le mouvement s'exécutera au pas accéléré

et au pas gymnastique combinés. Le chef de la première division lui fera prendre de suite le pas accéléré; les pelotons de droite et de gauche entreront dans la colonne au pas gymnastique; les chefs de ces pelotons leur feront faire à droite et à gauche en dédoublant les files, quand ils seront réunis par correspondants. Les divisions, ainsi formées, regagneront leurs distances au pas gymnastique, et alors seulement leurs chefs leur feront reprendre le pas accéléré. Lorsque la quatrième division aura achevé son mouvement, le chef de bataillon commandera :

1. *Pas gymnastique* = MARCHE.

On formera la colonne double serrée en masse d'après les mêmes principes et les mêmes commandements, en substituant dans le premier, l'indication de *serrée en masse,* à celle de *à distance de peloton.*

Si le bataillon marche au pas accéléré, le chef de bataillon commandera : *Pas gymnastique* = MARCHE. La première division conservera le pas accéléré; les autres prendront le pas indiqué.

Les principes de la marche et des changements de direction seront les mêmes que pour une colonne simple par division. On fera serrer la colonne double en masse; on lui fera prendre distance de peloton également par les moyens indiqués pour une colonne simple par division à distance de peloton ou serrée en masse.

Déploiement de la colonne double face en avant.

La colonne double étant au pas gymnastique, le chef de bataillon voulant la déployer, commandera :

1. *Déployez la colonne.*

2. MARCHE.

Au dernier commandement, la première division prendra le pas accéléré, et le reste du déploiement se fera comme il a été prescrit pour une colonne ordinaire serrée en masse. Lorsque le premier et le huitième peloton auront achevé leur mouvement, le chef de bataillon fera reprendre l'allure primitive.

Si la colonne est au pas accéléré, le chef de bataillon commandera : *Pas gymnastique* = MARCHE. La première division conservera le pas accéléré; les autres prendront le pas gymnastique.

Former la colonne double en bataille face à droite ou face à gauche.

La colonne étant à distance de peloton,

pour la former en bataille face à droite, le chef de bataillon commandera:

1. *A droite en bataille.*

2. MARCHE.

Au premier commandement, les chefs des pelotons se porteront vivement au centre de leurs pelotons et les avertiront, ceux de droite, qu'ils devront se former en bataille, ceux de gauche, qu'ils devront continuer à marcher en avant.

Au commandement de *marche*, les guides de droite des pelotons de droite s'arrêteront court; leurs pelotons converseront à pivot fixe et en continuant à marcher au pas gymnastique. Les quatre pelotons de gauche continueront à marcher au même pas en avant. Lorsque le chef du cinquième arrivera au point où il doit converser, il fera les commandements prescrits pour la formation de *sur la droite en bataille*, et établira son peloton à la gauche du quatrième. Il en sera de même des autres pelotons suivants.

Si le chef de bataillon veut porter le bataillon en avant, à l'instant où les pelotons de droite auront terminé leur conversion, il commandera: 1. *En avant.* 2. *Pas accéléré.* = MARCHE. Ces pelotons prendront le pas accéléré; et quand les pelotons de gauche seront tous arrivés sur la ligne et successivement, il fera reprendre le pas gymnastique.

Si la colonne est au pas accéléré, le chef de bataillon commandera : *Pas gymnastique* = MARCHE. Le mouvement se fera de même.

ARTICLE XIV.

Dispositions contre la cavalerie.

Un bataillon étant en colonne par peloton, à distance entière, la droite en tête et en marche au pas gymnastique, lorsque le chef de bataillon voudra le former en carré, il fera former les divisions en marchant ; ce qui étant exécuté, il commandera :

1. *Pour former le carré.*

2. *A distance de peloton serrez la colonne.*

3. MARCHE.

Au commandement de *marche*, la colonne serrera à distance de peloton sur la division de la tête, qui prendra le pas accéléré au commandement de son chef de division. Le chef de bataillon commandera : *Formez le carré*=MARCHE. La première division s'arrêtera au commandement de *marche* et le carré sera formé d'après les principes prescrits dans l'ordonnance.

Si la colonne est au pas accéléré, le chef de bataillon commandera : *Pas gymnastique=* MARCHE. La première division conservera le pas accéléré ; les autres prendront le pas gymnastique.

Si la colonne est serrée en masse, le chef de bataillon, pour la formation en carré, lui fera prendre distance de peloton ; il commandera :

1. *Pour former le carré.*

2. *Par la tête de la colonne prenez distance de peloton.*

A la fin du commandement, la première division continuera à marcher en avant au pas gymnastique ; les autres divisions prendront le pas accéléré. Les trois premières divisions ayant pris leur distance, successivement, au pas gymnastique, le chef de bataillon commandera : *Formez le carré=* MARCHE.

Le bataillon étant formé en carré, lorsque le chef voudra le porter en avant à une distance plus grande que trente pas environ, il fera former la colonne, en commandant :

1. *Formez la colonne.*

2. *Pas gymnastique=* MARCHE.

Au premier commandement, le commandant de la première face commandera : 1. *Première division en avant.* 2. *Guide à gauche.* Le commandant de la quatrième face la remettra face en tête et la préviendra de ne pas bouger. Le commandant de la seconde face lui fera faire à gauche et commandera : *Par peloton par file à gauche.* Celui de la troisième face lui fera faire à droite et commandera : *Par peloton par file à droite.* Les files de ces deux divisions doubleront.

Au deuxième commandement, la première division se mettra en marche au pas gymnastique ; les pelotons des deux faces latérales, conversant par file à droite et par file à gauche, se porteront à la rencontre les uns des autres, et dès qu'ils seront réunis, leurs chefs leur feront faire à gauche et à droite en marchant ; les files dédoubleront, et le chef de division commandera : *Guide à gauche.*

Ces divisions reprendront en marchant leur distance exacte ; et le chef de la quatrième division la mettra en marche au même moment que la troisième se portera en avant.

La colonne marchant ainsi en avant, si le chef de bataillon veut la faire marcher en retraite, il commandera :

1. *Bataillon demi-tour à droite.*

2. MARCHE.

Au commandement de *marche*, la colonne fera demi-tour à droite en marchant, et repartira en sens contraire.

Le chef de bataillon lui fera former le carré comme si elle faisait face par le premier rang. Il en sera de même pour former la colonne : ce sera la quatrième face qui se portera en avant.

Pour marcher en retraite, la colonne, ainsi formée, restera par le second rang ; si elle doit marcher en avant, le chef de bataillon la remettra face en tête, en commandant de même :

1. *Bataillon demi-tour à droite.*

2. MARCHE.

Rompre le carré.

Même mouvement que pour former la colonne par le premier rang ; le reste comme au numéro 737.

Bataillon déployé devant former le carré.

Le bataillon marchant en bataille au pas gymnastique, le chef de bataillon voulant le former en carré et dans une direction perpendiculaire à la ligne de bataille, commandera :

12.

1. *Pour former le carré.*

2. *Sur la première division formez la colonne.*

3. MARCHE.

Ce mouvement s'exécutera d'après les principes prescrits pour ployer une colonne par division à distance de peloton.

Pour former le carré dans une direction parallèle, le bataillon rompra par division en arrière à droite, et serrera sur celle de la tête.

Si le bataillon doit former le carré perpendiculaire en colonne double, le chef de bataillon commandera :

1. *Pour former le carré.*

2. *Formez la colonne double.*

3. MARCHE.

Les pelotons entreront à distance de peloton dans la colonne. Les premier et huitième à distance de masse.

Carré en marche.

Le bataillon étant formé en carré, et devant changer de position, si la distance qu'il doit parcourir est moindre que trente pas environ, il sera inutile de faire former la colonne pour faire ce mouvement. On suppose que le carré doit se porter en avant, le chef de bataillon commandera :

1. *Bataillon en avant.*

2. *Pas accéléré* (ou *pas gymnastique*) = MARCHE.

Au premier commandement, le chef de la première face la préviendra qu'elle devra marcher en avant; il commandera : *Guide au centre.* Le chef de la quatrième face fera faire demi-tour à droite, et commandera : *Guide au centre.* Le chef de la deuxième face lui fera faire *à gauche*, les chefs des pelotons de cette face se placeront en dehors à hauteur de la gauche de leurs pelotons. Le chef de la troisième face lui fera faire *à droite*, et les chefs des pelotons de cette face se placeront de même en dehors et à la droite de leurs pelotons.

A la fin du dernier commandement, le carré se mettra en marche ; les files des pelotons qui marchent par le flanc, auront la plus grande attention à ne pas laisser d'ouvertures entre elles.

Le chef de la quatrième face fera bien serrer sa division constamment sur les flancs des deuxième et troisième faces.

Le carré ayant assez marché, le chef de bataillon commandera :

1. *Bataillon.*

2. HALTE.

Au deuxième commandement, le carré s'arrêtera ; les hommes de la quatrième face feront aussitôt *demi-tour à droite* sans autre commandement ; ceux de la deuxième et de la troisième feront *à droite* et *à gauche* ; les chefs de peloton reprendront leur place dans le carré.

Le chef de bataillon rectifiera promptement les erreurs qui auraient été commises, surtout celles qui proviendraient des ouvertures entre les files ; les officiers et sous-officiers des pelotons y apporteront une attention constante.

Si le bataillon doit se porter en arrière, le chef de bataillon fera le commandement suivant :

1. *Bataillon en retraite.*

2. *Pas gymnastique*=MARCHE.

Le mouvement et les principes seront les mêmes.

Le bataillon devant appuyer à droite, le chef de bataillon commandera :

1. *Bataillon à droite.*

2. *Pas gymnastique* ═ MARCHE.

Au premier commandement, le chef de la deuxième face la préviendra qu'elle devra marcher en avant, et commandera : *Guide au centre.* Le chef de la troisième face lui fera faire *demi-tour à droite* et lui fera le même avertissement et le même commandement. Le chef de la première face lui fera faire *à droite;* les chefs des pelotons se placeront à la droite de leurs pelotons. Le chef de la quatrième faces lui fera faire *à gauche,* et les chefs des pelotons se placeront à la gauche de leurs pelotons.

Au commandement de marche, le carré exécutera ce qui a été prescrit pour la marche par la première face.

Les mêmes règles et les moyens inverses serviront à faire mouvoir le carré par le flanc gauche; le chef de bataillon substituera l'indication de *à gauche* à celle de *à droite,* dans le commandement.

Carré sur quatre rangs.

Le carré sur deux rangs, formé d'après les règles précédentes, n'offrant pas toujours une solidité convenable, le chef de bataillon fera former le carré sur quatre rangs.

Si le bataillon est en colonne par peloton à distance entière, la droite en tête et en marche au pas gymnastique ou accéléré, le chef de bataillon commandera :

1. *Pour former le carré sur quatre rangs.*

2. *Bataillon par le flanc droit.*

3. MARCHE.

Au troisième commandement, les pelotons feront à droite, les files doubleront ; les quatre hommes de la première file reviendront face en tête, en faisant un *à gauche*, et ne bougeront pas ; toutes les autres files de quatre se mettront en marche, en serrant sur la première ; et à mesure qu'elles auront serré, elles reviendront aussitôt face en tête : les pelotons seront ainsi sur quatre rangs. Lorsque la dernière file de quatre de chaque peloton sera revenue face en tête, le chef de bataillon fera reprendre le pas accéléré ou gymnastique à la colonne, et lui fera former les divisions en marchant. Puis il commandera :

1. *A distance de peloton.*

2. *Serrez la colonne.*

3. MARCHE.

Et le carré se formera comme il a été expliqué pour un bataillon sur deux rangs.

Le carré étant ainsi formé, le chef de bataillon lui fera former la colonne pour le porter en avant, en retraite, à droite ou à gauche, d'après les mêmes principes que pour un carré sur deux rangs.

Il le fera marcher en carré pour de très-petites distances, d'après les règles établies plus haut.

Le chef de bataillon voulant rompre le carré sur quatre rangs en marchant, commandera :

1. *Rompez le carré.*

2. MARCHE (ou *Pas gymnastique*=MARCHE.)

Les différentes faces exécuterout ce qui a été prescrit pour former la colonne, et à l'instant où les pelotons des faces latérales se seront rejoints pour se porter en avant, le chef de bataillon commandera :

1. *Guide au centre.*

2. *Dédoublez les files.*

3. MARCHE.

Le guide du centre de chaque division marchera droit en avant; la file de gauche du peloton impair, et celle de droite du peloton pair le suivront; les chefs de peloton se porteront au centre de leur peloton, et en surveilleront le mouvement; toutes les autres files du peloton impair feront un demi-à-droite, et marcheront dans cette direction; celles du peloton pair feront un demi-à-gauche, et marcheront de même dans cette direction. Dès que les files voisines immédiatement des deux files qui touchent au guide auront assez obliqué pour que celles-ci puissent se dédoubler, elles se reformeront sur deux rangs; aussitôt qu'elles auront fait ce mouvement, ces mêmes files voisines cesseront d'obliquer et reviendront face en tête par un demi-à-gauche et un-demi-à droite; elles se dédoubleront à leur tour quand les files qui les touchent du côté opposé au guide leur auront laissé assez de place en obliquant; celles-ci marcheront alors droit en avant, pour se dédoubler ensuite de la même manière. Toutes les files de quatre de chaque peloton feront successivement le même mouvement jusqu'à la dernière; elles sentiront toujours le tact des coudes au centre, et elles régleront leur pas sur celui du guide qui y est placé.

Le bataillon étant sur deux rangs, le chef de bataillon commandera : 1. *Guide à gauche (ou à droite.)*

Si le bataillon doit rompre le carré et dédoubler les files de pied ferme, il exécutera ce mouvement sur le centre des divisions, et d'après les principes des formations d'un peloton de deux rangs sur un, par la droite et par la gauche de chaque division. Le chef de bataillon commandera :

1. *Dédoublez les files.*

2. MARCHE.

Au premier commandement, les guides de droite des pelotons impairs feront à droite ; les chefs des pelotons pairs leur feront faire *demi-tour à droite*, et leurs guides de gauche feront à droite.

Au deuxième commandement, le guide de droite de chaque peloton impair marchera devant lui ; le n° 1 du premier rang et le n° 2 du second rang feront à droite, et marcheront droit devant eux en suivant le guide de droite, l'homme du second rang gardant la distance double qui le sépare de celui du premier. Le n° 2 du premier rang et le n° 2 du deuxième, dès que les n°s 1 auront fait un pas, feront à leur tour un pas en avant, et de suite un à droite en marchant, pour suivre leurs traces à la distance prescrite. Dès qu'ils se mettront en marche, les n°s 3 des deux rangs feront à droite et les suivront également à distance. Toutes les files impaires et paires des pelotons de droite exécuteront le même mouvement. Lorsque la dernière file sera dédoublée, le chef de peloton commandera : 1. *Tel peloton halte.*

2. *Front*. Le peloton s'arrêtera et reviendra face en tête.

Dans les pelotons pairs, le mouvement se fera par la gauche et par les moyens inverses : ce sont les files paires qui commenceront le mouvement dans chaque file de quatre ; les chefs de peloton les arrêteront de même quand la file de droite sera dédoublée. Chaque division étant ainsi reformée sur deux rangs, les chefs de division et de peloton reprendront leurs places dans la colonne.

Le bataillon marchera en bataille, au pas accéléré ou gymnastique. Si le chef de bataillon veut former le carré sur quatre rangs perpendiculairement, il commandera :

1. *Pour former le carré sur quatre rangs.*

2. *Sur la première division formez la colonne.*

3. MARCHE (ou *Pas gymnastique*=MARCHE.)

Au premier commandement, le chef de la première division la préviendra qu'elle doit faire à droite et doubler les files comme les autres divisions de la colonne ; il avertira le guide de droite qu'il doit s'arrêter et rester face en tête au commandement de *marche*.

A ce commandement, toutes les divisions feront à droite et doubleront les files par le flanc et en marchant ; la file de quatre de droite de la première division s'arrêtera en même temps que le guide de droite, et reviendra face en tête dès qu'elle aura doublé. Toutes les autres files de quatre de la division serreront sur elle ; et à mesure qu'elles arriveront à leur distance, elles s'arrêteront en revenant également face en tête. Lorsque la dernière file aura serré, la division sera formée ainsi sur quatre rangs, et le chef de division la mettra en marche au pas accéléré.

Le chef de la deuxième division entrera dans la colonne comme pour se ployer en colonne sur deux rangs; les files de quatre, excepté la première, allongeront le pas et accéléreront l'allure en marchant pour serrer rapidement sur elle, et avant que la droite de la division soit arrivée à hauteur de celle de la première. Le chef de la deuxième division qui se sera arrêté pour la laisser filer, surveillera ce mouvement; et quand la gauche sera arrivée à lui, il commandera : 1. *Par le flanc gauche*=2. MARCHE. 3. *Guide à gauche*. Ce qui sera exécuté.

La division marchera en avant; et quand elle aura sa distance, son chef lui fera reprendre le pas accéléré.

Les deux autres divisions exécuteront les mêmes mouvements; et lorsque la dernière aura serré à distance, le chef de bataillon fera prendre le pas gymnastique s'il le juge convenable. Il fera ensuite former le carré d'après les règles prescrites.

Si le bataillon en bataille est en marche au pas accéléré ou gymnastique, si le chef de bataillon veut former le carré parallèlement à la ligne de bataille, il commandera :

1. *Pour former le carré sur quatre rangs.*

2. *Par division en arrière à droite.*

3. MARCHE (ou *Pas gymnastique,* MARCHE).

Le bataillon exécutera ce mouvement les files doublées. Les chefs de division au lieu de s'arrêter pour laisser filer les divisions, conduiront la droite; et quand ils auront parcouru perpendiculairement en arrière la moitié de l'étendue du front de leur division, ils arrêteront le guide de droite ; les files accéléreront l'allure en allongeant le pas, de manière à ce qu'elles aient toutes serré sur celle de droite, à l'instant où le guide de droite sera arrêté. Lorsque la dernière arrivera au point où toutes les files ont conversé, le chef de bataillon commandera :

1. *Par le flanc gauche.*

2. MARCHE.

3. *Guide à gauche.*

Ce qui sera exécuté. Les distances, le tact dés coudes, l'alignement se rectifieront en marchant.

Le chef de bataillon fera ensuite serrer sur la division de la tête.

Si le chef de bataillon veut former le carré perpendiculaire par la colonne double, il commandera :

1. *Pour former le carré sur quatre rangs.*

2. *Formez la colonne double.*

3. MARCHE (ou *Pas gymnastique*, MARCHE).

Au deuxième commandement, tous les chefs de peloton se porteront au centre de leurs pelotons et les préviendront, ceux de droite, qu'ils doivent faire *à gauche*, ceux de gauche qu'ils doivent faire *à droite*.

Au troisième, les pelotons de droite et de gauche se mettront en marche par le flanc, les files doublées ; les chefs des quatrième et cinquième pelotons commanderont : *Guide au centre*. Le guide du centre restera face en tête et s'arrêtera ; aussitôt que les deux files qui l'encadrent auront doublé, elles reviendront face en tête en s'arrêtant aussi. Les files de quatre du quatrième peloton serreront sur la file de gauche de leur peloton ; les files de quatre du cinquième sur la file de droite de leur peloton. Dès qu'elles auront toutes serré, le chef de division se placera au centre et commandera : 1. *Première division en avant, pas accéléré* : 2. MARCHE. La première division se mettra en marche.

Les chefs de tous les autres pelotons entreront dans la colonne, comme il est prescrit à la formation d'une colonne double sur deux rangs ; les files accéléreront l'allure en allongeant le pas, de manière à avoir serré dans les pelotons de droite sur la file de gauche, dans ceux de gauche sur la file de droite, à l'instant où les pelotons correspondants seront arrivés à l'encontre l'un de l'autre. A cet instant, les chefs des pelotons de droite leur feront faire à droite, ceux des pelotons de gauche à gauche ; les chefs de division se porteront au centre et commanderont : *Guides au centre*. A mesure que chacune des divisions arrivera à sa distance de celle qui la précède dans la colonne, ils commanderont : *Pas accéléré*, MARCHE.

Lorsque la dernière division aura achevé son mouvement, le chef de bataillon fera prendre au bataillon le pas gymnastique, s'il le juge convenable.

Les files dédoubleront dans une colonne double sur quatre rangs, de la manière qui a été prescrite pour une colonne ordinaire sur quatre rangs par divisions.

Carré oblique.

Un bataillon marchant en bataille, si le chef de bataillon veut lui faire former le carré oblique, il l'arrêtera d'abord; l'adjudant-major mesurera l'angle : ce qui étant fait, le chef de bataillon commandera:

1. *Pour former le carré oblique.*

2. *Sur la première division formez la colonne.*

3. MARCHE (ou *Pas gymnastique*, MARCHE).

Le mouvement s'exécutera comme dans l'ordonnance, au pas accéléré ou au pas gymnastique.

Le carré oblique en colonne s'exécutera comme dans l'ordonnance, par un changement de direction par l'un des flancs de la colonne. La colonne sera d'abord arrêtée, si elle est en marche.

Les carrés obliques sur quatre rangs se formeront de même et d'après les principes donnés.

Colonne contre la cavalerie.

Comme dans l'ordonnance, si la colonne est en marche, en avant ou en retraite, au commandement de *Colonne contre la cavalerie*, elle s'arrêtera court et se formera.

Le chef de bataillon fera exécuter souvent cette manœuvre ; elle est d'un bon usage à la guerre ; on ne saurait la rendre trop familière aux bataillons.

ARTICLE XV.

Ralliement.

(Sans applications).

ARTICLE XVI.

Règles pour les manœuvres par le deuxième rang.

Mêmes applications qu'aux manœuvres, par le premier rang.

Formation rapide en colonne.

Le bataillon étant en bataille et au pas gymnastique, le chef de bataillon voulant le former rapidement en colonne à distance entière, la droite en tête, commandera :

1. *En avant par peloton, la droite en tête en colonne.*

2. MARCHE.

Au premier commandement, le chef du

premier peloton commandera à son peloton :
1. *Guide à gauche.* 2. *Pas accéléré :* Il le préviendra de continuer à marcher en avant.

Les autres chefs de peloton commanderont : *Par peloton demi-à-droite.*

Au deuxième commandement, le premier peloton prendra le pas accéléré; tous les autres continueront à marcher au pas gymnastique en conversant à droite ; dès qu'ils auront assez conversé, le chef de bataillon commandera :

1. *En avant* = MARCHE.

2. *Guide à gauche.*

Les pelotons marcheront droit devant eux. Dès que le guide de gauche sera arrivé à hauteur et dans la direction du guide de gauche du premier peloton, le chef de peloton commandera : *Tournez à gauche,* MARCHE. Le peloton se redressera pour s'établir parallèlement au premier ; et quand il sera arrivé à la distance qui doit l'en séparer, le chef de peloton lui fera alors prendre le pas accéléré.

Tous les autres pelotons exécuteront le même mouvement; et à mesure qu'ils arriveront à leur distance, ils se conformeront au pas et à la direction de celui qui les précède dans la colonne.

Quand le dernier sera arrivé à sa distance,

13.

le chef de bataillon fera reprendre le pas gymnastique à toute la colonne.

On formera de même la colonne la gauche en tête.

Cette manœuvre servira également à former une colonne serrée ou à demi-distance par peloton.

Quand un bataillon marchera en bataille et qu'un obstacle couvrira quatre pelotons contigus ou un plus grand nombre, des ailes, il sera préférable de les ployer en colonne par ce moyen. Le chef de bataillon fera son commandement assez à temps pour que le mouvement soit fait sans être gêné par l'obstacle.

TITRE V.

INSTRUCTION POUR LES TIRAILLEURS.

—

PRINCIPES GÉNÉRAUX ET DIVISION DE L'INS-TRUCTION.

1. Les mouvements d'une troupe de tirailleurs doivent être soumis à des règles qui donnent, à celui qui la commande, les moyens de la diriger selon ses vues, et de la porter dans toutes les directions avec la plus grande promptitude.

2. Ces mouvements ne doivent pas s'exécuter avec le même ensemble que ceux d'une troupe à rangs serrés ; parce que cet ensemble ne ferait qu'en retarder inutilement l'exécution.

3. Une troupe de tirailleurs, chargée d'éclairer un corps, doit subordonner ses mouvements à ceux de ce corps, de manière à le couvrir constamment.

4. Une troupe qui tiraille doit toujours avoir une réserve, dont la force et la composition varient selon les circonstances.

5. Si cette troupe est assez rapprochée du corps principal pour en être soutenue, il suffit

d'avoir pour chaque compagnie une petite réserve, fixée par le commandant de la troupe, et destinée à boucher les vides, à fournir la ligne de cartouches, à relever des tirailleurs fatigués, à servir de points de ralliement.

6. Si le corps principal se trouve à une trop grande distance, il faut, outre les réserves des compagnies, une autre réserve composée de pelotons entiers, destinée à soutenir et à renforcer les parties de la ligne qui seraient vivement attaquées ; cette réserve doit être assez forte pour pouvoir relever au moins la moitié des pelotons déployés en tirailleurs.

7. Les réserves doivent être placées derrière le centre de la ligne des tirailleurs ; celles des compagnies à cent cinquante pas, et la réserve principale à quatre cents. Toutefois cette règle n'est pas invariable, et l'officier commandant, tout en tenant sa réserve à portée de soutenir la ligne, doit profiter de tous les accidents du terrain pour la mettre à l'abri du feu de l'ennemi.

8. Les réserves devront être placées, autant que possible, de manière à s'entr'aider réciproquement ; elles se masqueront toujours à l'œil de l'ennemi, et se défileront de ses feux.

9. Les mouvements de tirailleurs s'exécuteront au pas accéléré ou gymnastique. Le

pas de course ne devra être employé que dans les cas d'absolue nécessité.

10. Dans tous les mouvements, les tirailleurs porteront l'arme de la manière qui leur sera le plus commode.

11. Les commandements se feront quelquefois à la voix, le plus souvent par des sonneries.

12. Les officiers, et au besoin les sous-officiers, répéteront et feront exécuter les commandements, aussitôt qu'ils leur parviendront; mais, afin d'éviter toute mépris- lorsqu'on fera usage des sonneries, ils attendront qu'elles soient achevées pour faire commencer le mouvement.

13. Les officiers et sous-officiers régleront l'allure des chasseurs dans les mouvements rapides, leur feront ménager leurs forces, conserver leur sang-froid, veilleront à ce qu'ils profitent de tous les avantages du terrain. Ce n'est que par cette surveillance continuelle de tous les grades qu'une ligne de tirailleurs peut obtenir de bons résultats.

DIVISION.

14. Cette instruction sera divisée en cinq articles, de la manière suivante :

ARTICLE I.

1. Déployer en avant.

2. Déployer par le flanc.
3. Ouvrez les intervalles.
4. Resserrer les intervalles.
5. Relever les tirailleurs.

ARTICLE II..

1. Marcher en avant.
2. Marcher en retraite.
3. Changement de direction.
4. Marcher par le flanc.

ARTICLE III.

1. Feu de pied ferme.
2. Feu en marchant.

ARTICLE IV.

1. Ralliement.
2. Former la colonne pour marcher dans toutes les directions.

ARTICLE V.

1. Déployer un bataillon en tirailleurs.
2. Rallier le bataillon déployé en tirailleurs.

15. Dans les quatre premiers articles, on suppose que les mouvements sont exécutés par un peloton déployé en tirailleurs sur une étendue égale au front d'un bataillon ; dans le cinquième article, on suppose que chaque peloton du bataillon, étant déployé en tirailleurs, occupe une longueur de cent pas. On pourra déduire de ces deux exemples les règles pour tous les cas, quelle que soit la force

de la troupe qui tiraille et l'étendue du terrain qu'elle doit couvrir.

ARTICLE PREMIER.

Déploiements.

16. Un peloton peut être déployé en tirailleurs de deux manières : *en avant*, et *par le flanc*.

17. On déploie *en avant*, lorsque le peloton est en arrière de la ligne sur laquelle les tirailleurs doivent être établis ; on déploie *par le flanc*, lorsque le peloton se trouve déjà sur cette ligne.

18. Dans les manœuvres de bataillon, la dénomination de peloton ayant été adoptée pour désigner les compagnies, on la conservera pour expliquer et faire exécuter les mouvements de tirailleurs.

19. Toutes les fois qu'un peloton devra déployer en tirailleurs, il sera à l'avance partagé en deux sections égales, et les camarades de combat formant les groupes de quatre, auront soin de se reconnaître entre eux. Le chef de peloton s'assurera que les files formant le centre des sections et demi-sections sont désignées.

20. Un peloton peut être déployé en tirailleurs sur la file de droite, sur la file de gauche, sur celle du centre, ou enfin sur une

file quelconque : de cette manière, on portera les tirailleurs avec la plus grande promptitude possible, sur le terrain qu'ils doivent occuper.

21. Une ligne de tirailleurs doit, autant que possible, être alignée : mais il ne faut pas, pour obtenir cette régularité, négliger de profiter de tous les avantages que le terrain présente pour couvrir les hommes.

22. L'intervalle entre les files de tirailleurs dépend de l'étendue du terrain qu'on doit couvrir ; mais on n'aura pas un feu suffisamment nourri, si les groupes de quatre sont espacés à plus de quarante pas.

23. L'espace à occuper, pour couvrir un bataillon, comprend le front de ce bataillon, plus la moitié des intervalles qui le séparent des bataillons voisins. Lorsqu'on voudra couvrir avec des tirailleurs le front d'une ligne dont les ailes ne seront pas appuyées, il faudra, si l'on n'envoie pas de tirailleurs sur ses flancs, donner au cordon de tirailleurs plus d'étendue qu'au front de la ligne, afin de s'opposer au mouvement de tirailleurs ennemis qui tenteraient d'inquiéter les flancs.

Déployer en avant.

24. Un peloton étant de pied ferme, lorsque le capitaine voudra le déployer en avant sur la file de gauche de la première section,

et conserver la deuxième section en réserve, il commandera :

1. *Seconde section de réserve.*

2. *En tirailleurs sur la gauche à vingt pas.*

3. MARCHE (ou *Pas gymnastique*=MARCHE.

25. Au premier commandement le sous-lieutenant et le sergent-major se porteront rapidement sur les flancs du peloton, l'un à la gauche, l'autre à la droite du peloton ; le cinquième sergent se portera à un pas en avant du centre de la première section, et se placera entre les deux demi-sections, au premier rang, dès que le mouvement commencera. Le troisième sergent se placera à la gauche de l'homme de gauche du premier rang, dès qu'il pourra passer. Le lieutenant se placera devant le centre de la deuxième section, et la préviendra de ne pas bouger.

26. A la fin du deuxième commandement, le groupe de gauche conduit par le troisième sergent se dirigera sur le point indiqué ; tous les autres groupes de quatre, avançant fortement l'épaule gauche, se porteront au pas gymnastique diagonalement en avant, afin de gagner à droite, l'espace de vingt pas qui doit séparer chacun d'eux de celui qui se trouve immédiatement à sa gauche. Lorsque le second groupe de gauche arrivera à la hau-

teur et à vingt pas du premier, il se redressera, se conformera à son allure et à sa direction, et se tiendra constamment à vingt pas de lui et sur le même alignement. Le troisième groupe et tous les autres se conformeront à ce qui vient d'être prescrit pour le second ; ils arriveront successivement sur la ligne : le guide de droite arrivera avec la dernière file. Le sous-lieutenant et le sergent-major, dès qu'ils pourront passer, se porteront derrière leurs demi-sections respectives, et en dirigeront le mouvement.

27. Le guide de gauche étant arrivé au point où doit appuyer la gauche de la ligne, le capitaine arrêtera les tirailleurs ; les hommes composant chaque groupe de quatre se déploieront aussitôt à cinq pas les uns des autres, à droite et à gauche de l'homme du premier rang de la file paire du groupe. Si quelques groupes n'étaient pas encore en ligne, ils s'y porteraient promptement, en se conformant à ce qui a été prescrit plus haut.

28. La ligne étant formée, les sous-officiers placés à la droite, à la gauche et au centre de la section, se porteront à dix pas en arrière des emplacements qu'ils occupaient au commencement du mouvement. Les chefs des demi-sections rectifieront promptement les irrégularités s'il y a lieu, et se porteront à vingt-cinq ou trente pas en arrière du centre de leurs demi-sections ; chacun d'eux aura

avec lui deux chasseurs et un clairon pris dans sa demi-section.

29. On s'attachera particulièrement à habituer les tirailleurs à s'embusquer derrière tous les obstacles possibles que présente le terrain; au besoin, ils se coucheront à plat-ventre pour se garantir des feux de l'ennemi. La rectitude de l'alignement général devra se sacrifier à cet important avantage.

30. Au moment où le mouvement commencera, le lieutenant fera faire *demi-tour à droite* à la seconde section, et la portera par des demi-à-droite et à-gauche, et par le chemin le plus court, à environ cent cinquante pas en arrière du centre de la ligne. Il la maintiendra toujours à cette distance, à moins d'ordres contraires. La réserve se conformera à tous-les mouvements de la ligne.

31. Le deuxième sergent restera au flanc gauche de la deuxième section ; le quatrième sergent se portera au flanc droit; le fourrier restera en serre-file.

32. Les chasseurs, soit en tirailleurs, soit à la réserve, auront d'habitude la baïonnette dans le fourreau; à une sonnerie spéciale, ils la mettront au bout du canon.

33. Le capitaine dirigera l'ensemble du mouvement, et se portera ensuite à quatre-vingts pas environ en arrière du centre de la ligne; il aura près de lui un clairon et quatre hommes pris dans la réserve.

34. On déploiera sur la droite ou sur le centre du peloton par les mêmes commandements, en substituant l'indication de *droite* ou de *centre* à celle de *gauche*.

35. Le déploiement sur la droite ou sur le centre se fera d'après les mêmes principes; dans cette dernière supposition, le centre de la section sera marqué par le premier groupe de quatre de la seconde demi-section; le cinquième sergent, placé à la droite de ce groupe, servira de guide à la section pendant le déploiement.

36. De quelque manière que le déploiement se fasse, sur la droite, la gauche ou le centre, les camarades de combat se déploieront toujours sur l'homme du premier rang de la file paire, et les hommes du second rang se placeront à la gauche de leurs chefs de file à l'instant où la ligne se formera.

37. Si le peloton doit déployer en tirailleurs à une distance tellement rapprochée du corps qu'il doit couvrir, qu'il devienne inutile de conserver une réserve, ce mouvement s'exécutera par les moyens indiqués précédemment; seulement, on ne désignera aucune réserve dans le commandement.

38. Les clairons marcheront avec leurs chefs de demi-section, et répéteront les sonneries exécutées par le clairon du capitaine, quand il y aura nécessité.

Déployer par le flanc.

39. Le peloton étant de pied ferme, lorsque le capitaine voudra le faire déployer par
le flanc gauche, en conservant la première
section en réserve, il commandera :

1. *Première section de réserve.*

2. *En tirailleurs par le flanc droit à
vingt pas.*

3. MARCHE.

40. Au premier commandement, le lieutenant et le sergent-major se porteront rapidement à deux pas devant la file de gauche
de leurs demi-sections; le quatrième sergent
à un pas de la file de droite de la deuxième
section, et le cinquième sergent à la même
distance devant la file du centre ; le chef de
la première section à deux pas devant le centre de cette section. Au deuxième commandement, il lui commandera de suite : *Première
scetion en arrière* == MARCHE. La section marchera en arrière de manière à démasquer de
trois pas le flanc de la deuxième section : son
chef l'arrêtera alors.

41. Le capitaine indiquera au quatrième
sergent placé à la droite de la deuxième section, le point sur lequel il devra diriger la
ligne.

42. A la fin du dernier commandement, la deuxième section fera à droite et se mettra en marche au pas gymnastique. Le chasseur du second rang de la file paire du groupe de gauche ne bougera pas ; les hommes composant les groupes se déploieront à mesure qu'ils avanceront, en détail homme par homme, à cinq pas les uns des autres, et en commençant par celui du second rang de la file paire de chaque groupe. A mesure qu'ils se porteront sur la ligne, ils feront face à l'ennemi. Le groupe de gauche se déploiera de même, en partageant bien les distances. L'homme du second rang se placera toujours à la gauche de son chef de file.

43. Le lieutenant et le sergent-major surveilleront, chacun dans sa demi-section, le déploiement successif des groupes, en se tenant toujours à hauteur du dernier homme qui va s'arrêter ; ils rectifieront promptement les erreurs commises, et les préviendront par une attention continuelle aux distances à parcourir par chaque chasseur. Le déploiement achevé, ils se porteront à trente pas en arrière du centre de leurs demi-sections, ainsi qu'il a été dit. Les sous-officiers se placeront également aux places indiquées précédemment.

44. Au moment où le mouvement commencera, le chef de la première section lui fera faire *demi-tour à droite*, et la portera à la place indiquée.

45. On déploiera sur la droite d'après les mêmes principes, en substituant dans le commandement l'indication de *flanc gauche* à celle de *flanc droit.*

46. Lorsque le capitaine voudra déployer le peloton sur le centre de l'une des sections, il commandera :

1. *Première section de réserve.*

2. *En tirailleurs par le flanc droit et le flanc gauche à vingt pas.*

3. MARCHE.

47. Au premier commandement, les officiers et sous-officiers attachés à la deuxième section se porteront aux places désignées plus haut n° 40 ; seulement, le sergent-major se placera devant la file de droite de sa demi-section, au lieu de se placer devant celle de gauche. Au deuxième commandement, le chef de la première section la portera à trois pas en arrière, pour laisser passer la deuxième. Le capitaine indiquera aux deuxième et quatrième sergents les points sur lesquels ils devront diriger les groupes de droite et de gauche.

48. Au commandement de marche, la demi-section de droite fera à droite, la demi-section de gauche fera à gauche ; le groupe de droite de celle-ci ne bougera pas. Les hommes partiront au pas de gymnastique en sens contraire. Les deux groupes voisins de celui de direction se déploieront comme précédemment, et tous les chasseurs successivement s'arrêteront à cinq pas les uns des autres.

49. Le lieutenant et le sergent-major dirigeront le mouvement, en se tenant toujours à hauteur de l'homme qui va s'arrêter.

50. Le chef de la première section se conformera à ce qui est dit au n° 3o.

51. Le capitaine pourra faire déployer sur un groupe quelconque du peloton ; dans ce cas, le sous-officier désigné pour occuper le centre se placera au groupe indiqué, et le déploiement se fera d'après les principes prescrits ci-dessus.

52. La compagnie entière se déploiera également par les mêmes moyens. Le commandement n'indiquera pas de réserve.

Ouvrir les intervalles.

53. Ce mouvement, qui sert à étendre une ligne de tirailleurs, s'exécute d'après les principes prescrits pour les déploiements.

54. On suppose que la ligne soit de pied ferme, et que le capitaine veuille l'étendre à gauche, il commandera :

> 1. *A gauche à (tant de pas). Ouvrez les intervalles.*

55. L'homme de droite ne bougera pas ; tous les autres feront à gauche, et ouvriront les intervalles à la distance prescrite, par les moyens indiqués n° 42 et suivants.

56. Si la ligne marche de front, le capitaine, pour l'étendre par la droite, commandera :

> 1. *Sur la gauche à (tant de pas). Ouvrez les intervalles*

57. L'homme de gauche continuera à marcher sur le point de direction ; tous les autres avançant l'épaule gauche et prenant le pas gymnastique, ouvriront leurs intervalles à la distance prescrite, par le moyen indiqué n° 26.

58. On ouvrira les intervalles sur le centre de la ligne, d'après les mêmes principes.

59. Si, en faisant ouvrir les intervalles, on a pour but de faire occuper par un seul peloton une ligne qui était occupée par deux, les hommes du peloton qui doit se retirer se porteront successivement en arrière, et se ras-

sembleront à mesure qu'ils seront rem-
placés.

Resserrer les intervalles.

60. Ce mouvement, comme celui d'ouvrir
les intervalles, s'exécutera d'après les principes prescrits pour les déploiements.

61. Si la ligne est de pied ferme, et que le
capitaine veuille la resserrer sur la gauche, il
commandera :

> 1. *A gauche à (tant de pas). Serrez les
> intervalles.*

62. L'homme de gauche ne bougera pas ;
les autres hommes feront à gauche, serreront sur lui à la distance prescrite, et
feront face à l'ennemi dès qu'ils auront
serré.

63. Si la ligne marche de front, le capitaine commandera :

> 1. *Sur la gauche à (tant de pas). Serrez
> les intervalles.*

64. L'homme de gauche conduit par le
guide continuera à marcher sur le point indiqué ; les autres hommes avanceront l'épaule
droite, et appuieront jusqu'à ce que les intervalles soient réduits à la distance prescrite.

65. On resserrera les intervalles sur la

droite, sur le centre, d'après les mêmes principes.

66. Lorsqu'on resserrera les intervalles pour renforcer la ligne des tirailleurs et faire couvrir par deux pelotons une étendue de terrain qui n'était couverte que par un seul, le nouveau peloton se déploiera de manière à avoir achevé son mouvement à vingt pas en arrière de l'emplacement qu'il doit occuper, et ses files se porteront successivement sur la ligne, à mesure que celles de l'ancien peloton laisseront le terrain libre. Les réserves des deux pelotons se réuniront derrière le centre de la ligne.

Relever un peloton déployé en tirailleurs.

67. Lorsqu'un peloton de tirailleurs devra être relevé, on en préviendra le capitaine, qui en fera aussitôt avertir le lieutenant et le sous-lieutenant.

Le nouveau peloton de tirailleurs exécutera un déploiement *en avant*, de manière à avoir achevé son mouvement à vingt pas en arrière de la ligne.

68. Arrivés à cette distance, les hommes du nouveau peloton se porteront en avant, au commandement de leur chef de peloton, traverseront l'ancienne ligne, et s'arrêteront après l'avoir dépassée de quelques pas : la nouvelle ligne étant établie, l'ancien peloton

se rassemblera sur sa réserve, ayant soin de ne se grouper par camarades de combat que quand il ne sera plus exposé au feu de l'ennemi.

69. Si les tirailleurs qu'on doit relever marchent en retraite, le peloton qui est chargé de les remplacer, se déploiera par le flanc, comme il est dit au nᵒ 39 et suivants. Les anciens tirailleurs continueront à se retirer avec ordre : et, après avoir dépassé la nouvelle ligne, ils se rallieront à leur réserve.

ARTICLE II.

De la marche.

Marcher en avant et en retraite.

70. Lorsqu'un peloton déployé en tirailleurs marchera de front, il aura habituellement le guide au centre : il ne sera fait à cet égard aucune indication particulière dans les commandements ; mais si le guide doit être à droite ou à gauche, le commandement de *guide à droite,* ou *guide à gauche,* suivra celui de *en avant.*

71. Le capitaine voulant porter les tirailleurs en avant, commandera :

1. *En avant.*

2. MARCHE (ou *Pas gymnastique* = MARCHE).

72. Ce commandement sera répété avec la plus grande rapidité par les chefs de demi-sections, et au besoin par les sous-officiers : cette règle est générale, soit que le peloton marche de front, soit qu'il marche de flanc.

73. Les trois guides se porteront très-rapidement sur la ligne, le premier à la droite, le second à la gauche, le troisième au centre.

74. Le commandant de la réserve commandera : 1. *Section en avant;* 2. *Guide à gauche.*

La ligne et la réserve partiront au pas indiqué.

75. Le guide chargé de la direction marchera sur le point qui lui aura été indiqué; les tirailleurs se tiendront alignés sur ce guide, et conserveront les intervalles de son côté.

76. Les chefs de demi-sections désigneront le mouvement de leurs demi-sections; ils se tiendront habituellement derrière leur centre.

77 Le capitaine dirigera l'ensemble du mouvement.

78. Lorsque le capitaine voudra arrêter les tirailleurs, il commandera :

I. HALTE.

79. A ce commandement vivement répété, la ligne et la réserve s'arrêteront. Les chefs de demi-sections rectifieront promptement,

s'il y a lieu, la direction générale, ainsi que les intervalles; ils s'assureront que leurs hommes sont bien embusqués, et ils reprendront ensuite leurs places de bataille, ainsi que les trois sous-officiers.

80. Le capitaine voulant faire marcher les tirailleurs en retraite, commandera :

1. *En retraite.*

2. MARCHE (ou *Pas gymnastique*=MARCHE.)

81. A ce commandement, la réserve et les tirailleurs feront face en arrière; les tirailleurs individuellement, la réserve au commandement de son chef, et les trois guides se porteront sur la ligne, comme il est prescrit au n° 73.

82. Les tirailleurs et la réserve se mettront en marche en se conformant à ce qui est prescrit au n° 70. Les officiers et les sous-officiers veilleront, avec un soin particulier, au maintien de l'ordre.

83. Le chef de la réserve, placé en arrière du premier rang devenu deuxième, aura soin de la maintenir à peu près au centre de la ligne, à la distance prescrite.

84. Lorsque le capitaine voudra arrêter les tirailleurs marchant en retraite, il commandera :

1. HALTE.

85. A ce commandement, les tirailleurs et

la réserve s'arrêteront et se remettront aussitôt face en tête.

86. Les deux chefs de demi-sections, les trois guides et le commandant de la réserve se conformeront à ce qui est prescrit au n° 79.

Changements de direction.

87. Lorsque le commandant d'une ligne de tirailleurs voudra lui faire faire un changement de direction à droite, il commandera :

1. *Changement de direction à droite.*

2. MARCHE (ou *Pas gymnastique*=MARCHE.)

88. A ce commandement, le mouvement commencera ; toute la ligne partira au pas accéléré ou gymnastique ; le guide de droite ne fera que pivoter sur place sans avancer ni reculer ; le guide de gauche marchera une allure bien franche, en avançant l'épaule gauche et tournant circulairement à droite ; il jettera souvent les yeux sur la direction de la ligne et sur le terrain qu'il devra parcourir. Le guide du centre marchera de même circulairement à droite, en ayant l'attention de ne conformer que doucement le mouvement de ses épaules au mouvement général ; il devra avoir le plus grand soin de faire le pas égal à la moitié de celui du guide de gauche.

89. Les tirailleurs feront le pas d'autant plus grand qu'ils seront plus rapprochés de l'aile marchante, et d'autant plus petit qu'ils le seront du pivot; ils regarderont souvent l'aile marchante pour confirmer la direction de leurs épaules à son mouvement; ils conserveront leurs intervalles avec soin.

90. La direction et les distances se prendront au centre.

91. Lorsque le commandant de la ligne voudra faire reprendre la marche directe, il commandera :

1. *En avant.*

2. MARCHE.

92. La ligne cessera de converser; les tirailleurs se porteront en avant; le guide du centre marchera sur le point qui lui sera indiqué.

93. Si le capitaine voulait arrêter la ligne au lieu de la porter en avant, il commanderait :

1. HALTE.

94. A ce commandement, la ligne s'arrêterait.

95. On changera de direction à gauche, d'après les mêmes principes et les moyens inverses.

96. Une ligne de tirailleurs marchant en retraite, changera de direction par les mêmes moyens et commandements qu'une ligne marchant en avant; au commandement de halte, elle se retournera face à l'ennemi.

Marche par le flanc.

97. Le capitaine, voulant faire marcher les tirailleurs par le flanc droit, commandera :

1. *Par le flanc droit.*

2. MARCHE (ou *Pas gymnastique*=MARCHE).

98. A ce commandement, les tirailleurs feront à droite; le guide de droite se portera à côté de la première file, pour la conduire; la réserve fera également à droite au commandement de son chef.

99. Au deuxième commandement, les tirailleurs et la réserve se mettront en marche; le guide de droite se dirigera sur le point qui lui aura été indiqué; chaque homme aura soin de suivre la trace de celui qui le précède, et de conserver exactement sa distance.

100. On fera marcher les tirailleurs par le flanc gauche, d'après les mêmes principes et par les mêmes commandements, en substituant l'indication de *gauche* à celle de

droite ; le guide de gauche se placera à côté de la file de gauche pour la conduire.

101. Les tirailleurs marchant par le flanc, lorsque le capitaine voudra les arrêter, il commandera :

I. HALTE.

102. A ce commandement, les tirailleurs et la réserve s'arrêteront, et feront face du côté de l'ennemi.

Les officiers et les sous-officiers se conformeront à ce qui leur est prescrit au n° 28.

103. On fera bien comprendre aux chasseurs que les sonneries ainsi que les commandements, tels que : A droite, à gauche, en avant, en retraite, ne signifient pas qu'ils doivent faire par le flanc droit, par le flanc gauche, marcher devant eux ou derrière eux, mais bien qu'il faut toujours prendre pour la droite, la droite réelle du peloton en bataille face à l'ennemi ; pour la gauche, également la gauche réelle du peloton. Le commandement : *En avant*, voudra dire qu'il faut marcher à l'ennemi ; celui de : *En retraite*, qu'il faut s'éloigner de lui.

ARTICLE III.

Des feux.

104. Les feux se font de pied ferme ou en marchant : on les exécute de la manière suivante :

Feux de pied ferme.

105. Pour faire exécuter ce feu, le capitaine commandera :

1. *Commencez le feu.*

106. A ce commandement, vivement répété, tous les hommes du premier rang mettront en joue ensemble et commenceront le feu ; ils chargeront leurs armes avec rapidité après avoir fait feu, et se tiendront prêts à faire feu de nouveau. Pendant ce temps, les hommes du second rang auront l'arme apprêtée, et dès que leurs chefs de file auront bourré, ils mettront en joue et feront feu ; ils rechargeront également leurs armes. Les hommes du premier et du second rang continueront le feu, en se conformant à ce principe, de manière que l'un d'eux ait toujours son arme apprêtée.

107. Les chasseurs devront ajuster avec la plus grande attention, et avoir beaucoup de

calme; ils devront surtout aussi s'efforcer de bien apprécier la distance qui les sépare de l'ennemi qu'ils voudront atteindre, afin de viser avec certitude.

108. On recommandera aux tirailleurs de ne pas rester immobiles à la même place, en chargeant leurs armes; à moins qu'ils ne soient couverts par un accident quelconque du terrain.

Feu en marchant.

109. Ce feu s'exécutera au même commandement que le feu de pied ferme.

110. Au commandement de *Commencez le feu*, si la ligne marche en avant, l'homme du premier rang de chaque file s'arrêtera, fera feu, et rechargera de suite sur place, avant de se reporter en avant. L'homme du second rang continuera à marcher; il dépassera de huit à dix pas celui du premier rang; il s'arrêtera à cette distance, apprêtera son arme, et attendra pour faire feu à son tour, que son camarade ait bourré. Le feu continuera ainsi, exécuté par chaque file; les tirailleurs ayant soin de rester liés les uns aux autres, et de conserver l'alignement général autant que possible.

111. Si la ligne marche en retraite, l'homme du premier rang, de chaque file, s'arrêtera et fera face à l'ennemi. Au commandement de

Commencez le feu, il fera feu et battra en retraite de suite, chargera son arme en marchant. L'homme du second rang dépassera, en continuant à marcher, celui du premier rang de huit ou dix pas; il s'arrêtera, fera face à l'ennemi, apprêtera son arme; il attendra ainsi que son camarade ait battu en retraite et qu'il ait bourré; alors il fera feu, et se portera de suite en arrière, toujours à pareille distance de lui. Le feu continuera ainsi.

112. Si le peloton marche par le flanc droit, au commandement de *Commencez le feu*, l'homme du premier rang de chaque file fera un pas en dehors de la ligne du côté de l'ennemi, et fera feu en s'arrêtant. L'homme du second rang continuera à marcher. Aussitôt que celui du premier rang aura fait feu, il rentrera dans le rang et marchera derrière celui du second rang; il chargera son arme en marchant. Quand il aura bourré, l'homme du second rang fera à son tour un pas en dehors, s'arrêtera et fera feu, puis reviendra reprendre la file derrière celui du premier rang; celui-ci en agira de même, en observant les mêmes principes. Le feu ayant cessé, les hommes du second rang reprendraient leurs places à la gauche de ceux du premier, s'ils n'y étaient pas.

113. Si le peloton marche par le flanc gauche, le feu s'exécutera de la même manière;

mais ce sera l'homme du second rang qui commencera le feu.

114. Les règles précédentes s'appliqueront à une ligne de tirailleurs commençant le feu quand déjà elle est en marche; mais une fois le feu commencé, le capitaine pourra se trouver dans la nécessité de faire exécuter divers mouvements de marche; il fera observer les règles suivantes :

115. La ligne faisant le feu de pied ferme ou par le flanc, au commandement *En avant,* MARCHE, ce sera l'homme dont l'arme se trouvera chargée, n'importe à quel rang il appartienne, qui se portera en avant. Celui dont l'arme sera déchargée restera en place pour la charger avant de se porter en avant; et le feu continuera d'après les principes du n° 110.

116. La ligne faisant feu de pied ferme, ou en avançant, ou par les flancs, au commandement *En retraite,* MARCHE, l'homme dont l'arme est chargée restera face à l'ennemi, et fera feu dans cette position; celui dont l'arme est déchargée battra en retraite de suite, en chargeant son arme, et le feu continuera d'après les principes du n° 111.

117. La ligne faisant le feu de pied ferme, en avançant, ou en retraite, au commandement *Par le flanc droit,* MARCHE, l'homme dont l'arme est chargée restera face à l'enne-

mi, sortira d'un pas de l'alignement général, s'il n'y est déjà, et fera feu dans cette position. Celui dont l'arme est déchargée fera face vers la droite réelle de la ligne, rentrera dans l'alignement général qui se reformera peu à peu, et marchera dans cette direction. L'homme qui a fait feu le premier viendra aussitôt après marcher dans ses traces derrière lui. Le feu continuera ainsi, comme au n° 112.

118. Le feu pour marcher vers la gauche s'exécutera d'après les mêmes principes.

Observations relatives aux feux.

119. On habituera les tirailleurs à charger leurs armes en marchant; mais on leur prescrira de s'arrêter pour amorcer et pour mettre la cartouche dans le canon.

120. On les exercera à charger et à tirer à genou, couchés, assis, accroupis, en les laissant libres d'exécuter ces temps de la manière qui leur sera la plus commode.

121. On apprendra aux tirailleurs à profiter de tous les accidents du terrain pour se couvrir, ainsi qu'à bien juger les distances, afin de ne tirer qu'à bonne portée.

122. On veillera à ce que toutes les files ne tirent pas à la fois, en commençant le feu.

123. Dans la marche en retraite, l'officier commandant les tirailleurs doit profiter de tous les abris et avantages que le terrain pré-

sente pour arrêter l'ennemi le plus longtemps possible.

124. Le capitaine fera cesser le feu par la sonnerie indiquée à cet effet; à ce signal, les soldats cesseront de tirer, et ceux qui n'auront pas leurs armes chargées, les chargeront. Si la ligne est en marche, elle continuera son mouvement, et celui des deux hommes de chaque file, qui se trouvera en avant, attendra que l'autre arrive à sa hauteur.

125. Quand la ligne exécutera le feu en avançant, au commandement de *halte*, la ligne se reformera sur les tirailleurs qui sont en avant; dans le feu en retraite, sur les tirailleurs qui sont en arrière.

126. Dans tous ces feux, les officiers et sous-officiers veilleront au maintien de l'ordre et du silence; ils empêcheront les chasseurs de s'écarter imprudemment; ceux-ci devront profiter avec intelligence de tous les abris et accidents de terrain pour se couvrir et se dérober à la vue de l'ennemi. Il arrivera souvent que les intervalles seront momentanément perdus, lorsqu'un abri deviendra commun à plusieurs tirailleurs voisins. Mais quand le moment sera venu de le quitter, ils devront se hâter de regarnir la ligne, en reprenant leurs intervalles, afin de ne pas rester en groupe exposés au feu de l'ennemi.

ARTICLE IV.

Ralliement, formation de la colonne.

127. Un peloton en tirailleurs se rallie pour résister à l'ennemi : les ralliements se font au pas de course.

128. Il y a plusieurs sortes de ralliement, que le chef de la ligne appliquera aux circonstances.

129. Si la ligne est seulement inquiétée par des cavaliers en fourrageurs, il ne sera pas nécessaire de la faire replier sur sa réserve ; le capitaine fera exécuter le signal de *mettre la baïonnette au canon* ; à ce signal, les quatre camarades de combat se réuniront sur un rang et se tiendront prêts. Si les cavaliers s'avançaient pour les charger, le capitaine fera le commandement de *carrés de quatre*. Les quatre hommes de chaque groupe formeront ce carré de la manière suivante : l'homme du premier rang de la file paire croisera la baïonnette, en se fendant à un pied en avant de la partie gauche ; celui du deuxième rang de la file impaire prendra la même position, mais en sens inverse, en lui tournant le dos ; il placera son pied droit à un pied environ du sien. L'homme du premier rang de la file impaire et celui du second rang de la file paire se placeront également dos à dos, dans la

même position, et entre les deux chasseurs déjà établis. Les pieds droits seront réunis, formant un carré et se servant d'appui. Ces quatre camarades de combat croiseront la baïonnette, feront feu, rechargeront leur arme chaque fois qu'ils devront le faire pour leur défense.

130. Dans le cas où le capitaine jugerait ces petits carrés trop faibles, et si cependant il voulait conserver sa position en renforçant davantage la ligne, il commandera :

1. *Carrés sur les centres.*

131. A ce commandement, les tirailleurs partiront au pas de course pour s'agglomérer, sans désignation de numéros, sur le groupe du centre de chacune des demi-sections, où sur d'autres groupes de l'intérieur, dont la position locale offrirait un abri. Les hommes composant les groupes de base du mouvement, se formeront de suite en petit carré, et apprêteront les armes, la baïonnette en l'air; les autres tirailleurs, à mesure qu'ils arriveront, se placeront dans les angles vides, laissés entre les quatre premiers, et successivement autour de ce premier noyau, de manière à former rapidement un cercle sans ouverture. Le mouvement achevé, les chasseurs croiseront la baïonnette, feront feu, chargeront

leurs armes de manière à faire la meilleure défense.

132. Les chasseurs chargeront les armes en gardant la position de défense de *garde contre la cavalerie*.

133. Le capitaine se portera rapidement avec sa garde vers celui des deux groupes où il jugera sa présence plus utile ; les chefs de demi-sections s'enfermeront également avec leur garde dans le cercle formé par leur demi-section respective.

134. Les officiers et sous-officiers veilleront avec la plus grande attention à ce que leur troupe ne se dégarnisse pas de son feu ; et aussi à ce que le feu ne soit dirigé que sur les points seuls où il doit être efficace.

Ralliement sur la réserve.

135. Ce commandement étant fait, le capitaine se portera rapidement à la réserve ; l'officier qui la commande prendra les premières dispositions pour former le carré ; à cet effet, il fera ployer perpendiculairement en arrière les quarts de section des ailes ; il fera apprêter les armes.

136. Les tirailleurs de chaque demi-section prendront le pas de course, avanceront les épaules pour se réunir de suite par groupes et sur l'homme de chaque groupe le plus rapproché du centre de la demi-section. Ces

groupes se dirigeront diagonalement les uns vers les autres, de manière à ce que les demi-sections se trouvent chacune réunies le plus tôt possible; les officiers et sous-officiers y mettront de l'ordre tout en marchant au pas de course, et leurs chefs les dirigeront sur la réserve, en ayant soin de se jeter en dehors pour la démasquer à droite et à gauche. Aussitôt qu'ils y seront arrivés, ils continueront à compléter la formation du carré commencé par la réserve, et en appuyant toujours au fur et à mesure sur celle-ci; ils se placeront ainsi sans observation de numéro; ils apprêteront de suite leurs armes sans commandement, et feront feu sur l'ennemi, de même que la réserve, dès qu'ils seront démasqués par leurs camarades.

137. Dans le cas où une demi-section en retraite serait trop pressée par la cavalerie, son chef commanderait: *Halte;* à ce commandement, les hommes formeront rapidement un cercle compacte autour de l'officier; celui-ci reformerait sa troupe, et la remettrait en marche dès qu'il aurait un instant de répit.

138. La formation prompte et parfaite de ce carré ne peut s'obtenir que par le sang-froid et l'activité des officiers et des sous-officiers.

139. Le capitaine profitera également de tous les instants de répit que lui laissera la

cavalerie ennemie; dès qu'il le pourra, il cherchera à se mettre hors de ses atteintes, soit en gagnant une position avantageuse, facile à défendre, soit en se reployant sur le corps auquel il appartient. A cet effet, il fera former la compagnie en colonne par sections à demi-distance; il commandera :

1. *Formez la colonne.*

2. MARCHE.

140. A ce commandement, chaque section se redressera sur son centre; la section qui fait face par le deuxième rang se remettra face en tête sans commandement. Les guides encadreront de suite la droite et la gauche de chaque section; ceux de la deuxième section se placeront à demi-distance de ceux de la première; l'alignement et la distance bien corrects se prendront en marchant.

141. Ces dispositions achevées, le capitaine pourra porter la compagnie dans une direction quelconque.

S'il veut la faire marcher en retraite, il commandera :

1. *En retraite.*

2. MARCHE (ou *Pas gymnastique* = MARCHE).

15.

141. La colonne fera aussitôt face par le second rang sans autre commandement, et se mettra en marche. Le capitaine commandera de suite :

3. *Guide à droite* (ou *à gauche*).

142. Il indiquera la direction au guide de la tête; la colonne marchera ainsi, les guides correctement à leur distance, et les hommes alignés.

143. Si elle est de nouveau menacée par la cavalerie, le capitaine commandera :

1. *Formez le carré.*

2. MARCHE.

144. La colonne s'arrêtera; la première section se remettra vivement face en tête; les quarts de section des ailes de chaque section se ploieront perpendiculairement en avant dans la première section, en arrière dans la deuxième, pour former les troisième et quatrième faces du carré. Les officiers et sous-officiers rectifieront promptement et sans bruit les fautes commises.

145. Si la colonne doit marcher en avant, le capitaine commandera :

1. *Formez la colonne.*

146. La colonne se reformera comme au numéro 147.

147. Le capitaine commandera ensuite :

1. *En avant.*

2. MARCHE (ou *Pas gymnastique* = MARCHE).

3. *Guide à gauche* (ou *à droite*).

148. Au premier commandement, la colonne partira; au deuxième, les guides prendront exactement leurs distances, et les hommes leur alignement.

149. La colonne devant se diriger à droite ou à gauche, ne le fera jamais par le flanc, mais toujours par de rapides conversions du côté opposé au guide. Le capitaine changera le côté des guides chaque fois que cela deviendra nécessaire.

150. Une compagnie étant formée en colonne par section, à demi-distance, la droite en tête, le capitaine pourra faire déployer la première section par les moyens déjà expliqués; mais s'il veut faire déployer la deuxième section en avant sur le centre, en laissant la première en réserve, il commandera :

1. *Première section de réserve.*

2. *En tirailleurs sur le centre à vingt pas.*

3 MARCHE (ou *Pas gymnastique* = MARCHE).

151. Le chef de la première section, au premier commandement, préviendra sa section qu'elle ne doit pas bouger; les chefs de demi-sections de la deuxième section se placeront devant le centre de leurs demi-sections; le cinquième sergent se placera à un pas en avant du centre de la deuxième section.

152. Au deuxième commandement, les chefs de demi-sections de la deuxième section commanderont rapidement; celui de droite: *demi-section à droite;* celui de gauche : *demi-section à gauche.* Les deux demi-sections partiront vivement au commandement de MARCHE, en conversant à droite et à gauche. La conversion achevée, les chefs de demi-sections les redresseront, en commandant : *demi-section à gauche,* et *demi-section à droite.* Et lorsque leur front sera parallèle à celui de la première section, ils commanderont : *en tirailleurs,* MARCHE. Les groupes de quatre se déploieront alors sur le groupe de droite de la deuxième demi-section, qui sera dirigé par le cinquième sergent sur le point indiqué, et suivant les principes prescrits.

153. Si le capitaine voulait faire déployer par le flanc, au lieu de déboîter par des conversions, les deux demi-sections déboîteraient par le flanc droit et le flanc gauche; et quand elles seraient sorties de la colonne, leurs chefs les porteraient sur la ligne de la première section, par un à-gauche et un à-droite. Le

reste du déploiement se ferait d'après les principes prescrits.

154. Le peloton étant en tirailleurs, lorsque le capitaine voudra le rallier sur le bataillon, il commandera :

Ralliement sur le bataillon.

155. A ce commandement, les tirailleurs de chaque section et la réserve démasqueront le bataillon, en se portant au pas de course vers l'intervalle dont ils sont le plus rapprochés, et iront ensuite se rallier en arrière du bataillon.

156. Aussitôt que les sections auront dépassé la ligne des serre-files, le chef de chaque demi-section fera reprendre le pas accéléré, et ira prendre sa place derrière la droite ou la gauche de son bataillon, à dix pas en arrière des serre-files; il ne la quittera que sur un ordre reçu.

157. Si plusieurs sections se trouvaient réunies derrière la même aile d'un bataillon, ou derrière un abri quelconque, elles s'y formeraient toujours en colonne à demi-distance, ou en colonne serrée.

158. Lorsque le bataillon, couvert par une compagnie de chassseurs, se sera formé en carré, les chefs de sections et de demi-sections dirigeront leur troupe en arrière du carré qui ouvrira ses angles de manière à donner pas-

sage aux tirailleurs, qui seront de suite formés en colonne serrée par section, derrière la première face du carré.

159. Si le bataillon sur lequel les tirailleurs se rallient, était formé en colonne prête à faire le carré, ils seraient formés dans le même ordre, mais en arrière du centre de la troisième division; et au commandement de *Formez le carré* = MARCHE, ils marcheraient en avant et serreraient sur les clairons.

160. Quand des sections ou demi-sections de tirailleurs ralliées derrière les ailes d'un bataillon, devront être déployées de nouveau en avant, elles se porteront, au signal donné, vers les intervalles des ailes, par des conversions de pied ferme; et elles déploieront ensuite sur l'aile gauche et l'aile droite, pour couvrir le front du bataillon.

161. Quand les sections ou demi-sections seront dans l'intérieur des carrés ou des colonnes, elles en sortiront, pour être déployées, par des mouvements de flanc, et seront reportées en avant de la même manière, dès qu'elles auront démasqué la colonne ou le carré. Elles déploieront, l'une, sur la file de droite, et l'autre sur celle de gauche.

Rassemblement.

162. Pour rassembler un peloton de tirailleurs, le capitaine commandera :

Rassemblement sur la réserve.

163. A ce commandement, les tirailleurs se rassembleront par camarades de combat ; les hommes du premier rang se placeront derrière ceux du second ; chaque groupe de quatre se dirigera sur la réserve, où chacun reprendra son rang ; le peloton étant formé, il rejoindra le bataillon auquel il est attaché.

164. Il peut se faire que l'on doive rassembler les tirailleurs sur le centre, sur la droite ou sur la gauche de la ligne, soit en marchant, soit de pied ferme.

165. Le capitaine voulant rassembler sur le centre en marchant, commandera :

1. *Rassemblement sur le centre.*

166. A ce commandement, le guide du centre continuera à marcher devant lui sur le point indiqué ; l'homme du premier rang de la file de direction suivra le guide, et celui du second rang de la même file viendra se placer derrière son chef de file ; les deux autres camarades du groupe, ainsi que tous ceux placés à sa gauche, marcheront diagonalement en avançant l'épaule gauche et accélérant l'allure du pas, de manière à se rapprocher de la file de direction ; les hommes

de la demi-section de droite se réuniront de même sur la file de direction, en avançant l'épaule droite; les quatre camarades de combat se formeront par groupes, en rejoignant leurs rangs. En arrivant, les chasseurs porteront l'arme sur l'épaule droite.

167. Le rassemblement sur la droite ou sur la gauche se fera par les mêmes moyens.

168. Le rassemblement d'une ligne marchant en retraite se fera également par les mêmes commandements et suivant les mêmes principes; les hommes du premier rang marcheront derrière ceux du deuxième rang.

169. Lorsque le capitaine voudra rassembler les tirailleurs sur la ligne même qu'ils occupent, c'est-à-dire de pied ferme, il fera les mêmes commandements; les tirailleurs feront à droite ou à gauche, suivant qu'ils devront marcher par le flanc droit ou par le flanc gauche, et ils arriveront isolément et sans se réunir par groupes sur la file qui sert de base au mouvement; ils prendront leur rang et l'arme au bras, à mesure qu'ils auront serré.

ARTICLE V.

Déploiement d'un bataillon en tirailleurs et ralliement de ce bataillon.

Déployer le bataillon en tirailleurs.

170. Un bataillon étant en bataille, on suppose que le chef de bataillon veuille le déployer en tirailleurs sur la droite du sixième peloton, en conservant les trois premiers pelotons en réserve : il en préviendra l'adjudant-major, l'adjudant et le commandant des pelotons de réserve; il indiquera à l'adjudant-major la direction qu'il veut donner à la ligne, ainsi que le point où doit appuyer la droite du sixième peloton; et il désignera au commandant de la réserve l'emplacement sur lequel il devra l'établir.

171. L'adjudant-major se portera à huit ou dix pas en avant de la droite du sixième peloton, et l'adjudant à pareille distance en avant de la gauche de ce peloton; le commandant de la réserve la disposera comme il sera indiqué ci-après.

172. Le chef de bataillon commandera ensuite :

1. *Premières* (ou *deuxièmes*) *sections de réserve.*

2. *Sur la droite du sixième peloton en tirailleurs à cent pas.*

3. MARCHE (ou *Pas gymnastique* $=$ MARCHE).

173. Au deuxième commandement, les chefs des cinquième et sixième pelotons les porteront en avant et les feront déployer en tirailleurs en marchant, quand ils auront parcouru

huit pas; le cinquième déploiera sur sa file de gauche, le sixième sur sa file de droite.

174. Le chef du quatrième peloton lui fera faire par le flanc droit, et lui fera parcourir l'étendue de cent pas, en marchant par le flanc; alors il lui fera faire par le flanc gauche; et après avoir marché huit pas en avant, il le fera déployer en marchant sur la file de gauche.

175. Les chefs des septième et huitième pelotons leur feront faire à gauche, et les mettront en marche; celui du septième peloton ayant pris cent pas d'intervalle, fera faire à droite au peloton; et à l'instant où il aura marché huit pas en avant, il le fera déployer sur sa file de droite. Le chef du huitième peloton, à l'instant où le septième fera à droite, continuera à marcher par le flanc pendant cent pas aussi; arrivé à cette distance, il fera faire à droite à son peloton, et le fera déployer de la même manière.

176. Les guides chargés de conduire les files sur lesquelles le déploiement se fait, auront soin de les bien diriger vers le dernier homme du peloton voisin, déjà en tirailleurs; ou, si ce peloton n'a pas achevé son mouvement, ils jugeront avec soin la distance qui est encore nécessaire à ce peloton pour mettre toutes ses files en ligne, et ils se dirigeront sur le point ainsi reconnu. Les pelotons, à mesure

qu'ils arriveront en ligne, s'aligneront sur ceux qui déjà sont déployés.

177. L'adjudant-major et l'adjudant qui se seront portés sur la ligne, suivront le déploiement, l'un à droite et l'autre à gauche; le mouvement achevé, ils iront se placer près du chef de bataillon.

178. Le chef de bataillon désignera les sections qui doivent rester en réserve; ces réserves partielles s'établiront et s'échelonneront de la manière suivante : la réserve du sixième peloton, à cent cinquante pas derrière la droite de ce peloton; les réserves des quatrième et cinquième pelotons réunis seront placées vis-à-vis l'intervalle qui sépare ces deux pelotons, à trente pas plus en avant que la réserve du sixième; les réserves des septième et huitième pelotons également réunies, vis-à-vis l'intervalle de ces deux pelotons, à trente pas plus en arrière que la réserve du sixième.

179. L'officier commandant les pelotons de réserve, aussitôt qu'il aura reçu les ordres du chef de bataillon, portera ces pelotons à trente pas en arrière, les ploiera en colonne par peloton à distance de section; ce qui étant exécuté, il conduira la colonne au point qui lui aura été indiqué.

180. Le chef de bataillon dirigera l'ensemble du déploiement; et, lorsqu'il sera achevé, il se portera en arrière de la ligne, au point d'où il pourra le mieux en embras-

ser toutes les parties, et en diriger les mouvements.

181. Si, au lieu de déployer en avant, on devait déployer par le flanc, le sixième et le cinquième peloton se porteraient à huit ou dix pas en avant, et se déploieraient, l'un sur sa file de droite et l'autre sur sa file de gauche, par les moyens indiqués. Chacun des autres pelotons marcherait par le flanc; et aussitôt que la dernière file du peloton placé à sa gauche ou à sa droite du côté de la direction, aurait pris son intervalle, il se porterait sur la ligne, s'arrêterait et se déploierait.

182. On a supposé, dans l'exemple précédent, que le bataillon était en bataille; s'il était en colonne, on le déploierait en tirailleurs par les mêmes commandements et d'après les mêmes principes.

183. Si le déploiement devait se faire *en avant*, le peloton de direction, aussitôt qu'il serait démasqué, se porterait à huit ou dix pas en avant de la tête de la colonne, et se déploierait sur la file indiquée. Chacun des autres pelotons prendrait son intervalle à droite ou à gauche, et se déploierait à mesure qu'il l'aurait pris.

184. Si le déploiement devait se faire *par le flanc*, le peloton de direction se porterait de même en avant, aussitôt qu'il serait démasqué, et se déploierait sur la file indiquée. Chacun des autres pelotons se porterait sur la

ligne et se déploierait, à mesure que celui qui est à sa droite ou à sa gauche du côté du peloton de direction aurait achevé son déploiement.

Observations.

185. On a prescrit d'échelonner les réserves, afin qu'elles puissent, en cas de ralliement, se protéger sans se nuire, et on a réuni celles des deux pelotons contigus, afin de diminuer le nombre des échelons et de leur donner plus de consistance.

186. Les échelons pouvant être formés par la droite ou par la gauche, le chef de bataillon, avant de faire commencer le déploiement, indiquera aux capitaines la disposition qu'il veut donner à ces échelons.

187. Le huitième peloton ayant un armement spécial, ne déploiera en tirailleurs que sur un ordre spécial.

Ralliement.

188. Le chef de bataillon ralliera son bataillon par les commandements indiqués pour rallier un peloton, et disposera sa réserve de manière à pouvoir protéger ce mouvement.

189. Les pelotons déployés en tirailleurs se rallieront en carré sur leurs réserves : chaque réserve formera la première face du carré ; les

tirailleurs arrivés les premiers formeront les faces latérales, et les autres la quatrième face. Les officiers et les sous-officiers dirigeront le ralliement, et à mesure que les hommes arriveront, ils les formeront sur deux rangs, sans distinction de taille, et leur feront face en dehors.

190. Le ralliement effectué, les commandants des carrés profiteront de tous les moments de répit que la cavalerie leur laissera, pour les porter vers la réserve du bataillon ou vers quelque position où ils puissent être en sûreté; à cet effet, ils formeront des carrés en colonne, marcheront dans cet ordre; et s'ils sont de nouveau menacés, ils s'arrêteront et formeront le carré.

191. A mesure que les pelotons arriveront près de la réserve du bataillon, ils se reformeront le plus promptement possible, et, quel que soit leur numéro, ils prendront rang dans la colonne en arrière des pelotons déjà formés.

192. La réserve du bataillon formera le carré, si elle est menacée par la cavalerie.

FIN.

SONNERIES DE MANŒUVRES.

1. Marche particulière aux bataillons (la même pour toute l'arme, avec un refrain spécial pour chacun d'eux).

2. — 1re compagnie

3. — 2e id.

4. — 3e id.

5. — 4e id.

La même pour les quatre compagnies, avec un refrain particulier pour chacune d'elles.

6. — 5e id.

7. — 6e id.

8. — 7e id.

La même pour les trois compagnies, avec un refrain particulier pour chacune d'elles.

9. — 8e id.   Sonnerie spéciale dite : *des grosses carabines.*

10. — Pas gymnastique.

11. — Pas de course.

12. — En tirailleurs.

13. — En avant.

14. — En retraite.

15. — Par le flanc droit.

16. — Par le flanc gauche.

17. — Commencez le feu.

18. — Cessez le feu.

19. — Changement de direction à droite.

20. — Changement de direction à gauche.

21. — Carrés de quatre.

22. — Carrés sur les centres.

23. — Couchez-vous.

24. — Levez-vous.

25. — Rassemblement sur le bataillon.

26. — Ralliement sur la réserve.

27. — Ralliement sur le bataillon.

TABLE DES MATIÈRES.

—

ÉCOLE DU SOLDAT.

TITRE PREMIER.

ARTICLE II.

TITRE II.

ÉCOLE DU SOLDAT.

TITRE III.

ÉCOLE DE PELOTON.

PREMIÈRE LEÇON.

DEUXIÈME LEÇON.

TROISIÈME LEÇON.

QUATRIÈME LEÇON.

CINQUIÈME LEÇON.

SIXIÈME LEÇON.

Ordonnance du roi sur l'exercice et les manœuvres de l'infanterie.

TITRE IV.

ÉCOLE DE BATAILLON.

QUATRIÈME PARTIE.

CINQUIÈME PARTIE.

TITRE V.

INSTRUCTION POUR LES TIRAILLEURS.

FIN.

IMPRIM. DE GAULTIER-LAGUIONIE, RUE CHRISTINE, 2.